KB133568

따라 읽으면 되는
여행 일본어

Travel Japaness

Intro

해외 여행길에 올라보면 평소 알고 있다고 생각하던 쉬운 말들도 쓰려고 하면 입속에서 뱅뱅 맴돌기만 할 뿐 일본어 표현이 생각이 나지 않아서 무척이나 답답하였던 경험이 한 번쯤은 있을 겁니다.

이 책은 그런 답답함을 겪지 않도록 하기 위하여 실제로 외국에 나가게 되었을 때 겪게 되는 상황에 맞추어 자주 쓰이는 간단한 표현의 회화와 각 나라별로 다른 문화적 특성으로 실수하지 않도록 꼭 필요한 여행정보를 실었습니다.

먼저 우리말 표현을 쓰고 그에 맞춰 일본어와 한글로 발음을 표기해 놓았기 때문에 원하는 내용을 쉽게 찾아볼 수 있도록 하였습니다.

발음 표기는 최대한 실제 발음과 비슷하게 우리말로 표기를 하였으나. 간혹 글자의 원래 발음으로 표기하기가 곤란한 경우에는 다소 다르게 표기하더라도 쉽게 읽을 수 있도록 하였습니다.

따라 읽으면 되는 여행 일본어로 해외에서 맞게 될 급박한 상황에 지혜롭게 대처하여, 한 마디 말로 여행의 재미를 더 할 수 있게 되길 바랍니다.

CONTENTS

호텔에서 In the Hotel 75

CONTENTS

CONTENTS

01

기본회화

Basic Conversation

01 인사하기
02 묻기
03 대답하기
04 부탁하기
05 감사 · 사과 인사하기
06 전화하기
07 소개하기
08 사람 찾기
09 현지인과 대화 하기

여행 전 준비

01 비자와 여권 체크

※ 여권(PASSPORT)이란?

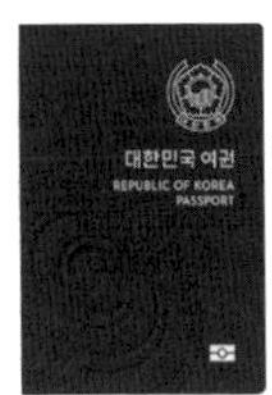

국가가 대외적인 목적으로 발행하는 신분증이며 국외로 나가는 자국민의 안전을 상대국에 요청하는 문서로서 해외에서는 한국인임을 증명하는 **국제 신분 증명서**이다. 여권은 발급자의 신분과 여권의 기한 등의 특성에 따라 나누어진다, 단수여권, 복수여권, 관용여권, 외교관여권, 임시여권, 군인여권, 동반자여권 등이 있다.

여권의 유효기간은 최소 3개월에서 6개월 이상 남아있어야 한다.

※ 여권의 종류와 발급대상

■ 일반여권

• 복수여권

일반적인 국민을 대상으로 한 여권으로 기간은 5년이며 1회에 한하여 기간 연장이 허용되어 10년 사용가능하다,

• 단수여권

1년 기한 안에 1회 출국만이 가능하며 본인에 요청에 의한 경우나 상습적인 여권 분실자로 관계기관에 조사를 받고 있는 사람에게 발급한다.

■ 관용여권

공무상으로 국외 여행을 해야하는 공무원 및 정부 투자기관 임원 및 직원 등에게 발급한다.

■ 거주여권

해외 이주, 국외 입양, 해외장기 체류자에게 발급한다.

※관용여권과 해외이주(이민)여권은 외교통상부 여권과에 신청.

※ 여권 신청에 필요한 서류

- 최근 6개월 이내에 촬영한 사진 2장(3.5CmX4.5Cm)
- 최근 2개월 이내에 빌급 받은 주민등록등본/주민등록증
- 신원 진술서 3부
- 병역 관계 서류(만 18세 이상 남자만 해당)
- 군필자는 읍, 면, 동에서 발행한 국외여행신고서 1부
- 미필자는 지방병무청에서 발행한 국외여행허가서 1부

※ 여권 발급절차

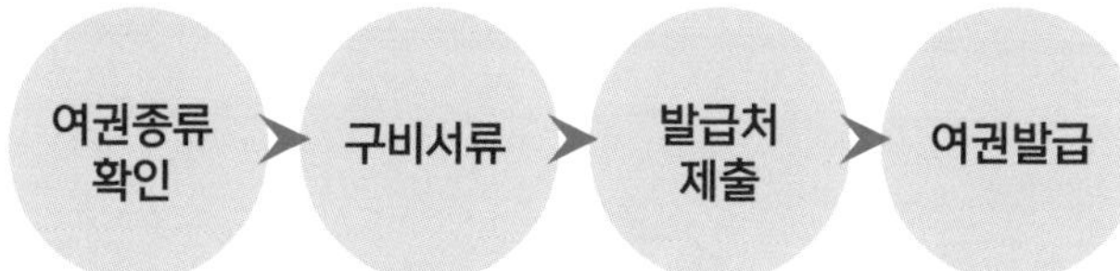

여행 전 준비

※ 해외에서 여권의 사용 용도

- 달러 환전시
- 비자 신청 및 발급시
- 출국수속 및 항공기 탑승시
- 면세점에서 면세상품 구입시
- 국제 운전 면허증 만들때 또는 국제 청소년 연맹카드 만들때
- 여행자 수표로 대금 지급시 또는 현지 화폐로 환전시
- 여행자 수표 도난, 분실 후 재발급시
- 출국시 병역 의무자가 병무신고를 할 때와 귀국 신고를 할 때
- 여행 중 한국으로부터 송금되어 온 돈을 찾을 때
- 렌터카 임대시

※ 비자(VISA)란?

개인이 타국으로 들어가려고 할 때 자기 나라 또는 체재 중인 나라에 있는 그 나라 대사·공사·영사로부터 여권의 검사를 받고 서명을 받는 일이다. 타국인에게 발급하는 **자국 입국 허가증**으로 비자 발급은 발급국 고유의 권한으로 거절할 수도 있다. 또한 비자를 발급 받아도 공항에서 입국을 거절당할 수도 있고 특정 질환에 대한 신체검사를 요구하는 국가도 있다.

- 비자서류

  학　생 : 재학증명서, 사진 2장, 주만등록증 앞·뒤 사본, 신청서

  직장인 : 재학증명서, 사진 2장, 주만등록증 앞·뒤 사본, 신청서

• 비자 체류기간은 15일에서 90일이다.

• 비자 발급여부의 결정권은 담당 영사에게 있으므로 추가 서류 보완이나 비자발급을 거부할 수 있다.

• 비자 취득에 필요한 소요 일자를 확인힌다.
※ 일본대사관 : 서울특별시 종로구 율곡로2길 22
02-2170-5200

02 각종 증명서

◆ 국제 학생증

세계 어디서나 통용되는 학생증으로 미리 준비하여 가면 여러가지 할인혜택을 받을 수 있게 된다. 학생증 사본, 반명함판 사진 1매를 가지고 신청을 하면 된다.

◆ 유스호스텔 회원권

세계 각국의 유스호스텔을 사용할 수 있는 회원증으로 한국유스호스텔연맹에서 발급한다.

◆ 국제운전 면허중

여행지에서 직접 운전을 할 것이라면 준비해야 한다. 신청은 관할 운전 면허시험장에서 한다.

여행 전 준비

※ 여행 가기 전에 꼭 체크하여야 할 것들.

- 여권 : 사진면과 일본 비자면의 복사본 필수
- 항공권 : 출국 귀국일자, 노선, 유효기간을 확인한 후 복사본 필수
- 여분의 여권 사진 2장
- 투숙 호텔 주소
- 위급할 경우 연락처
- 대사관(대한민국) 주소, 전화번호
- 수신자부담 전화번호
- 한국 돈 : 공항세, 입·출국시 왕복 교통비를 준비한다.
- 신용카드 : 신분증명과 같이 가져간다.
- 여행자수표 : 작은 단위로 준비한다.
- 해외여행보험 : 여행 도중의 사고에 대비한 보험
- 국제 학생증
- 소형 계산기
- 필기도구, 수첩 : 항공권과 여권의 내용을 따로 적는다.
- 필름(메모리 칩): 인천 공항 면세점에서 구입한 후 나가는 것이 저렴.
- 사전, 회화집 : 자유 여행자의 필수품

03 여행자 보험

여행중에 질병이나 사고를 대비하여 가입하는 보험으로 가입절차도 간단하고 비용도 저렴하다. 여행사를 통해 여행할 경우 여행사에서 단체로 가입하는 경우가 많다.

04 개인준비물

① 양복 2벌(한 벌은 상하 콤비로 스웨터나 티셔츠볼 받쳐 입을 수 있는 캐주얼), 구김이 안 가는 바지, 스웨터, 티셔츠, 팬티, 가벼운 운동복, 와이셔츠, 런닝, 넥타이, 양말 각 3~4벌, 초봄·가을에는 코트

② 화장용품, 면도기, 헤어드라이어, 치약, 칫솔

③ 바늘과 실, 단추, 우산

④ 우천시 쓸 배낭덮개와 우산(일본은 비가 자주 옴)

⑤ 명함: 외국인 친구를 사귈 때

⑥ 전통기념품: 열쇠고리, 엽서, 동전 등

05 신용카드

카드를 이용한 현금 서비스는 일반 회원의 경우 신용도에 따라 1~2천 달러(US$), 골드 회원은 2천 달러(US$)까지 인출이 가능한데 현금 인출기에서 1회 5백 달러(US$)만 인출이 가능하므로 2~4회에 나누어 인출하면 된다.

국제적으로 통용되는 카드로는 Master Card, American Express Card, Diners Club Card, Visa Card 등이 있다.

여행 전 준비

06 현금

현금은 쓰기에는 편리하지만 분실할 위험이 있으므로 보통 총 경비의 70%를 여행자 수표(T/C)로, 나머지 30%를 현금으로 준비하는 것이 좋다. 또 팁으로 줄 잔돈을 준비하면 편리하다.

07 일본인의 예절

일본인의 예절 교육에서 가장 중요한 것은 "人に迷惑をかけるな 이또니 메라코 가께루나(남에게 폐를 끼치지 말라)"이다. 일본 대부분의 가정은 자녀들에게 경어(공손한 말씨)를 사용한다.

■ 인사법

말로만 인사를 할 때는 밝고 친절한 목소리로 말해야 하며, 이 때 미소를 지으면 더욱 좋다. 말과 동작을 동시에 사용할 때는 고개와 허리를 굽히는데 이때 허리를 굽히는 정도를 상대방과 비슷하게 하는 것이 좋으며 상대방보다 먼저 허리를 펴면 실례가 된다.

■ 소개법

자기를 소개할 때는 공손한 말씨와 태도로 성(姓)만을 말하는 것이 일반적이며, 우리처럼 악수를 하는 일은 드물다. 남을 소개할 때는 자기와 친한 사람을 먼저 소개하며, 둘 다 자기와 친하지 않을 경우에는 아랫사람을 먼저 소개한다.

■ 명함 교환법

일본에서는 직장인 뿐 만 아니라 학생까지도 명함을 주고 받는 것이 일상화되어 있다. 명함을 받게 되면 상대방이 보는 앞에서 직함을 읽어보고 소중한 물건을 다루듯이 지갑 속에 넣는 것이 예의이다.

■ 맞장구 치는 법

대화 도중에 적당한 곳에서 'はい 하이(예)', 'ええ 예에(예)', 'うん 응(응)' 등을 연발하여, 상대방의 말에 관심을 갖고 열심히 듣고 있음을 표시하여야 한다.

■ 거절하는 법

일본인들은 상대방의 부탁이나 제안에 대해 직설적으로 'いいえ 이에(아니오)' 라고 거절하지 않는다. 왜 거절하여야 되는지에 대해 상황을 설명하도록 한다.

08 일본의 기후와 사계

일본은 온난한 기후로 사계절의 변화가 뚜렷하다. 여름은 견딜수 없을 정도로 습하고 더우며 겨울은 상당히 건조하다. 일본 열도는 남북으로 길게 뻗어 있어, 기온 등의 지역차도 심하므로 복장에도 그에 따른 주의가 필요하다.

여행 전 준비

기온은 상승하지만, 일기가 변하기 쉬우므로 주의가 필요하다. 5월은 맑은 날이 계속된다.

■ 여름: 6~8월

6월은 장마의 영향권이고 계절 장마가 끝나면 7월~8월까지 덥고 습도가 높은 일본의 여름이 시작된다. 30도를 넘는 날이 계속된다.

■ 가을: 9~11월

9월부터 한달 간은 태풍을 주의하여야 한다. 하지만 산뜻한 날이 많고, 일본 사람의 관광시즌이기도 하다. 또한 일반적인 일본의 날씨는 동경을 기준으로 하는 것이므로 방문지가 홋카이도라면 매우 춥고 바람도 강하다.(여름에도 서늘하다) 또한 남단의 시코쿠, 큐슈, 오키나 등 이라면 여름의 고온에 주의하여야한다.

■ 겨울: 12~2월

추위가 심하므로 방한 대책을 철저히 하여야 한다. 홋카이도나 동해쪽에서는, 상당한 양의 눈이 내린다. 태평양 쪽에는 맑은 날이 많지만, 기온은 그다지 올라가지 않는다.

■ 지진

기상변화는 아니면서도 일본의 일기예보에서 중요한 부문을 차지하는 것이 지진이다.

09 일본의 기초상식

■ 공중전화

녹색과 회색의 공중전화는 10엔, 50엔, 100엔 주화나 전화 카드(호텔이나 역의 매점 등에서 판매)를 사용할 수 있다. 빨강 또는 핑크색전화는 10엔 주화만 사용 가능하다.

■ 국제전화

국내, 국제전화 겸용 이라고 표시된 공중전화를 이용하려면, 10엔 주화 또는 편의점 등에서 구입할 수 있는 슈퍼 월드 카드나 전화 카드로 직접 통화할 수 있다. 공중전화에 따라서는 카드를 사용할 수 없는 경우도 있다.

한국에 걸 때는 001(KDD의 경우) + 82(국가번호) + (지역번호의 0을 뺀 숫자) 국번 및 번호를 누르면 된다.

■ 시차

한국과 일본의 시차는 없다. 다만, 일출과 일몰 시간이 일본이 3분 정도 빠르다.

■ 전기

가정용 전류는 일본 전국 공통적으로 100볼트이다.

※ 유명 호텔에는 100볼트와 200볼트의 콘센트가 있으나 그 밖의 장소에서는 사용에 어려움이 있다. 전기 전자제품 구입시 일본 국내용과 국외용이있다.

■ 소비세

쇼핑이나 식사를 하는 경우 소비세 10%가 가산된다. 대개의 점포에서는 세금을 뺀 가격을 표시하고 있다.

■ **응급 상황 시**

일본 내 다국어 의료기관안내서비스 (09~18시까지) 03-5285-8181
긴급 통역이 필요할 때 (평일 05~20시, 휴일 09~20시) 03-5285-8185

10 일본의 전통문화

일본에는 전통적인 무대 예술이 많이 있다. 일본인의 문화를 이해할수 있는 전통 공연 가부키(歌舞技), 전통적인 인형극 분라쿠(文樂) 등과 전통적 방식의 차도, 일본전통의 꽃꽂이, 기모노를 입어보는 등 직접 체험하며 일본의 전통문화를 감상할 수 있는 시설이 있으므로 여행 전 미리 알고 가면 좋을 것이다.

■ 노(能)

노(能)는 원래 종교적 의식으로 700년 이상의 역사를 지닌 일본을 대표하는 무대예술이다. 일본 고유의 전통의상을 입은 연기자는 자신의 표정을 감추기 위하여 가면을 사용하거나 혹은 무표정으로 연기를 한다.

■ 가부키(歌舞技)

세계적으로 알려진 일본 전통 무대다. 연기자가 말하는 리듬감 넘치는 대사, 선명하고 화려한 색상의 화장, 기교를 발휘한 무대 이미지가 결합되어, 노(能)보다도 서민에게 사랑받아온 대중적인 무대 예술, 가부키는 극중의 여성의 역할도 모두 남성 배우가 연기를 한다.
일본을 대표하는 가부키 전용극장, 가부키자(歌舞技座)(도쿄) 등에서는 영어로 해설을 해주는 경우도 있다

■ 차도·차노유(茶道·茶の湯)

옛부터 일본의 상류층에서 매우 즐겨 찾던 차노유라고도 하는 차도는 전통적 일본의 의식으로 현재에는 심신의 수련의 한 방법으로 사용되고 있다. 일본엔 차노유의 전통의식을 전수하기 위한 기관이 여러 곳에 분포되어 있으며 가볍게 체험할 수 있도록 차실을 갖춘 호텔들도 있다.

■ 분라쿠(文樂)

3명의 인형 조율사에 의하여 연기되는 인형극으로 주인공 인형은 3명의 인형 조율사에 의해 공동으로 조작된다. 정말로 살아있는 것 같은 인형의 움직임에 곁들여 반주되는 샤미센(三味線)과 대사 낭독, 그리고 인형의 몸에 걸쳐진 화려한 의상 등이 조화를 이뤄 볼 만한 구경이다. 대중예술이 번창한 오사카에는 분라쿠 전용극장, 국립분라쿠극장(國立文樂劇陽)이 있으며, 2개월에 한번씩 정기공연이 열린다. 인기가 좋은 연극은 사전예약이 필수이고 극장 입구에서 표를 구입하거나 도심의 백화점,

쇼핑센터, 호텔에 입장권 판매소가 있는 곳도 있다.

■ 이케바나·가도(生け花·華道)

이케바나란 이름의 일본 전통 꽃꽂이는 자연의 모습대로 표현하는 것을 원칙으로 한다. 표현 방법에 대한 규칙이나 방법의 차이 등에 따라 20 이상의 유파가 있고, 각각의 류의(流儀)를 전수하기 위한 학교도 일본 국내에 많이 있다. 호텔이나 백화점 공공시설의 로비 등 곳곳에서 아름답게 장식한 꽃꽂이(이케바나)를 볼 수 있다.

■ 스모(相撲)

세계적으로 유명한 일본 전통 격투기다. 체중이 100 ~ 200kg이나 되는 리키시(씨름선수)의 대부분은 프로선수이며 스모의 룰은 아주 단순하다. 두 사람의 리키시는 마와시라고 하는 샅바를 두르고, 흙으로 덮인 직경 4.5m의 정방형 링 위에서 격투를 벌이는데, 발바닥 이외의 몸이 바닥에 닿거나, 링 밖으로 밀려나간 사람이 지는 게임이다. 프로선수의 대회는 각 15일간 일년에 6회 열린다.

1월, 5월, 9월은 도쿄의 료코쿠기칸(兩國技館)에서, 3월은 오사카(大阪), 7월은 나고야(名古屋), 11월은 후쿠오카(福岡)에서 열린다.

■ 유도

세계적으로 알려진 대표적 격투기이다. 유도의 기본원리는 공격

하는데 있는 것이 아니라 호신술에 있다.

■ 검도

검도는 무사(사무리이)의 중요한 무기이며 검술에서 파생되었다. 엄격한 규칙 아래 성립되며 전문 방어구로 몸을 감싼 경기자는 대나무 검을 사용하여, 상대의 머리나 몸 그리고 손등 등을 공격하는 무술이다.

■ 가라테(空手)

무기를 갖지 않고 팔과 다리로 치거나 찌르거나 공격을 막으면서 싸우는 무술이다. 공격 수단은 두 손 특히 손가락 관절과 바깥쪽 손날과 복사뼈·발뒤꿈치·팔뚝·무릎·팔꿈치 등이다.

경기는 대개 3분으로 끝나며 심판이 판단하기에 깨끗한 '결정타'로 득점한 선수가 없을 때는 판정으로 승부를 결정한다. 가라데는 수백 년 동안 동양에서 발전했으며, 체계화된 것은 17세기에 무기 휴대가 금지된 오키니와(沖縄) 사람들에 의해서인 것으로 보인다. 1920년대에 일본에 도입되었다. 그후 기술과 훈련방식이 서로 다른 여러 도장(道場)과 체계가 자체적으로 발전해 나갔다. 가라테는 다른 동양무술과 마찬가지로 정신자세와 예의범절 옷차림 및 복잡한 등급제도(띠의 색깔에 따라 구분)를 강조한다. 가라테의 기술 가운데는 다른 무술과 일치하는 점이 많다.

MEMO

Basic Conversation

인사하기

안녕하십니까? (건강하세요?)

お元気ですか?

오겡끼데스까

안녕하세요. (아침 인사)

おはようございます。

오하요우 고자이마스

안녕하세요. (오후 인사)

こんにちは。

곤니치와

안녕하세요. (저녁 인사)

こんばんは。

곰방와

안녕히 주무세요.

おやすみなさい。

오야스미나사이

안녕히 가세요.

さようなら。

사요-나라

그럼, 실례합니다.

では, 失礼します。

데와시츠레-시마스

실례합니다.

すみません。

스미마센

만나서 기쁩니다.

お会いできてうれしいです。

오아이데키떼 우레시-데스

또 뵙겠습니다.

じゃまた。

쟈-마타

또 만나요.

また会いましょう。

마타 오메니가카리마스

그럼, 또 뵙겠습니다.

また、お目にかかります。

데와 마타오메니까카리마스

처음 뵙겠습니다.

はじめまして。

하지메마시데

잘 먹겠습니다.

いただきます。

이따다끼마스

잘 먹었습니다.

ごちそうさまでした。

고찌소-사마데시다

잘 지내고 계십니까?

おげんきですか?

오겡끼데스까

안색이 좋지 않아 보입니다.

顔色が疲れたようにみえますね。

가오이로가 쓰카에따 요우니 미에마스네

뭔가 급한 일이라도 있나요?

何か急なことでもありますか?

나니카 큐나 고토데모 아리마스까

사업하러 왔습니다.

ビジネスのためにきました。

비지네스노 다매니 키마시타

일본의 이모저모를 알아보러 왔습니다.

日本のあれこれが 知りたくて來ました。

니혼노 아레코레가 시리타구테시마시타

02 Basic Conversation
소개하기

제 이름은 ~입니다.

私の名前は~です。

와타시노 나마에와 ~데스

저는 한국에서 왔습니다.

私は韓国から来ました。

와타시와 칸코쿠카라 기마시타

저는 ~입니다.

わたしは~です。

와따시와 ~데스

당신 이름은?

あなたのお名前は?

아나따노 오나마에와

몇 살입니까?

おいくつですか?

오이꾸츠데스카

나는 한국인입니다.

私は韓国人です。

와따시와 강꼬꾸진데스

여기, 제 명함입니다.

どうぞ，わたしのめいしです。

도-조 와타시노 메이시데스

~호텔에 묵고 있습니다.

~ホテルにとまっています。

~호테루니 도맛떼 이마스

학생(주부)입니다.

学生(主婦)です。

각세이(슈휴)데스

회사원입니다.

会社員です。

카이샤잉 데스

혼자 왔습니다.

ひとりで來ました。

히또리데 키마시타

일본은 이번이 처음입니다.

日本は今回が初めてです。

니혼와 콘까이가 하지메때데스

일본은 이번이 두 번째입니다.

日本は今回で二回目です。

니혼와 곤까이데 니카이메데스.

03 Basic Conversation
말걸기와 묻기

몇 시입니까?

何時ですか?

난지데스가

몇 시에 시작합니까?

何時に始まりますか?

난시니 하시마리마스카

몇 시까지 합니까?

何時までやっていますか?

난지마데 앗데이마스카

몇 시에 돌아옵니까?

何時に帰ってきますか?

난지니 가에테기마스까

이것은 무엇입니까?

これはなんですか?

고래와 난 데스카

얼마인가요?

いくらですか?

이꾸라데스까

어디인가요?

どこですか?

도꼬데스까

어느쪽인가요?

どちらですか?

도찌라데스까

어느 것인가요?

どれですか?

도레데스까

여기요. (여보세요)

すみません。

스미마센

~씨

~さん。

~상

뭐라구요?

もう一度お願いします?

모우 이찌도 오네가이시마스

누구인가요?

どなたですか?

도나따데스까

이름이 뭡니까?

お名前はなんですか?

오나마에와 난데스까

언제입니까?

いつですか?

이쯔데스까

무엇입니까?

何ですか?

난데스까

누구십니까?

どなたさまですか?

도나타 사마데스까

어느 것입니까?

どれですか?

도레데스까

어느 쪽입니까?

どちらですか?

도찌라데스까

Basic Conversation

대답하기

예.

はい。

하이

아니오.

いいえ。

이-에

O.K.

けっこうです。

겟코-데스

괜찮습니다.(거절의 의미)

いいえ、大丈夫です。

이-예 다이죠부데스

그렇습니다.

そうです。

소우데스

알겠습니다.

わかりました。

와카리마시타

천만에요.

どういたしまして。

도우이타시마시떼

맞습니다.

そのとおります。

수누도오리데스

동감입니다.

同感です。

도-칸데스

모르겠습니다.

わかりません。

와카리마센

별 말씀을.

どういたしまして。

도우이 타시마시테

신경쓰지 마세요.

気にしないでください。

기니 시나이데 구다사이

네, 물론이고 말고요.

はい，もちろんですとも。

하이 모치롱데스토모

Basic Conversation

부탁하기

부탁합니다.

どうぞ。

도-조

잘 부탁드립니다.

どうぞよろしくおねがいします。

도-조 요로시쿠 오네가이시마스

잘 부탁드립니다.(간단한 표현)

どうぞよろしく。

도-조 요로시쿠

저 좀 도와주시겠어요?

ちょっと手をかしていただけますか?

쪼또 테오 카시때 이따다께마스카

잠깐 기다려 주십시오.

ちょっと待ってください。

쪼도 마때 구다사이

한 번 더 말씀해 주세요.

もう一度おっしゃってください。

모-이치도 옷사테 구다사이

06 Basic Conversation
일본어를 모를 때

잘 알아듣지 못했습니다.
よくききとれませんでした。
요쿠 기키토레마센데시타

영어가 되시는 분 있습니까?
英語のできる人はいますか?
에이고노 데끼루 히또와 이마스까

전 일본어를 할 줄 모릅니다.
私は日本語ができません。
와따시와 니혼고가 데끼마센

한국어를 말할 수 있습니까?
かんこくごがはなせますか?
칸고쿠고가 하나세마스카

조금 천천히 말씀해 주시겠습니까?
もっとごゆっくりお話してくださいませんか?
모토 고유무리 오하나시시테구다사이마센카

다시 말씀해 주세요.
もう一度お話してください。
모우 이치도 오하나시시테구다사이

대답할 바를 모르겠습니다.

なにお言ったらいいかわかりません。

나니오이타라이이까 와카리마생

답답합니다.

きのどくですね。

기모노쿠데스네

알겠습니다. 아, 그렇군요.

わかりました。あ! そうですね。

와까리마시타 아 소우데스네

무슨 의미인지 아시겠어요?

どんな意味かご存知ですか?

돈나 이미까 고존지데스까

크게 말씀해 주시겠습니까?

大きくおっしゃってくださいませんか?

오-끼쿠 옷샤테 구다사이마생까

방금 뭐라고 그러셨어요?

ただいま何と言いましたか?

타다이마 난또 이이마시다까

여기에 좀 써주세요.

ここにちょっと書いてください。

코코니 촛또 카이테 구다사이

Basic Conversation
감정 표현

굉장하네요.

すごいですね。

스고이데스네

멋지네요.

すてきですね。

스떼끼데스네

덥네요.

あついですね。

아쯔이데스네

춥네요.

さむいですね。

사무이데스네

친절하시네요.

やさしいですね。

야사시-데스네

귀엽네요.

かわいいですね。

카와이-데스네

기분이 좋네요.

きもちがいいですね。

기모찌 이이데스네

비가 올 것 같습니다.

雨がふりそうです。

아메가 후리소우데스

날씨가 좋군요.

天気がいいですね。

텡끼가 이이데스네

저…

あの

아노…

저, 실은…

あの，じつは…

아노 지쯔와…

놀랐어요.

びっくりしました。

빅꾸리 시마시따

슬퍼요.

悲しいですよ。

가나시-데스요

08 Basic Conversation
감사, 사과 인사하기

고맙습니다.(1)

ありがとうございます。

아리가토우 고자이마스

고맙습니다.(2)

どうも。

도一모

정말 고마워요.

どうもありがとう。

도-모 아리가토우

신세 많이 졌습니다.

お世話に なりました。

오세와니 나리마시다

저도 감사합니다.

こちらこそ。

고찌라코소

송구스럽습니다.

恐れ入りました。

오소래이리마시다

미안합니다.(1)

ごめんなさい。

고멘나사이

미안합니다.(2)

申し訳ありません。

모-시와케아리마센

미안합니다.(3)

すみません。

스미마센

용서해 주세요.

許してください。

유류시떼구다사이

기다리게 해서 정말 죄송합니다.

おまたせしましてどうもすみません。

오마타세시마시때 도-모 스미마센

죄송합니다만, 잠깐 시간 좀 내주실 수 있나요?

すみませんけど，ちょっとよろしいですか?

스미마생케도 죳또 요로시이데스까

Basic Conversation
전화하기

저는 ~입니다.

こちらは~です。

고찌라와~ 데스

~씨를 바꿔주세요.

~さんをお願いします。

~상오 오네가이시마스

여보세요. ~씨 입니까?

もしもし、~さんですか?

모시모시 ~상데스카

특별한 것은 없는데요.

別に大した用事はありません。

베쓰니 타아시따 요-지와 아리마센

시간 낼수 있나요?

時間とれますか?

지깡 토레마스카

한국에 전화를 하고 싶습니다만.

韓国に電話をかけたいんですが。

강코쿠니 뎅와오 가케타잉데스가

02

공항에서

At the Airport

출입국 수속

01 인천공항 도착

※ **출국 준비** - 출국 **2시간** 전까지 공항에 도착하여야 한다.

- **지하 1층**

  교통센터와 연결되는 5개의 연결통로가 있으며, 여객 편의시설을 전철 연결로비를 따라 배치하였다,

- **지상 1층 - 도착층**

  도착 여객을 위한 주요 공간인 수화물 수취지역, 세관검사지역, 환영홀 등이 있다,

- **지상 2층 - 도착중간층**

  도착 GATE가 연결된 층이다. 도착복도, 입국심사, 보안검색 등의 시설이 있다. 항공사 사무실 편의시설, 지원시설 등이 있다.

- **지상 3층 - 출발층**

  탑승수속을 위한 체크 인 카운터가 설치되어 있고 출발 보안검색, 여권심사, 출발 콘코스와 탑승라운지 등의 시설과 출발여객을 위한 각종 편의시설이 배치되어 있다.

- **지상 4층**

  통과 및 환승여객 등 장기체류 여객들을 위한 각종 위락시설과 미니 호텔 CIP라운지, 공용라운지 등아 설치되어 있고. LANDSIDE

에는 각종 식당과 판매시설이 설치되어 출국 전 여객이나 환송객 일반 방문객에게 서비스를 제공하게 된다.

※ 출국 수속

① **항공사 카운터에서 탑승 수속**

- 공항 2층, 자신이 이용할 항공사의 카운터에서 짐을 부치고 좌석 배정을 받아 탑승권 받기

② **환전하기**

③ **출입국 신고서 작성하기**

④ **출국 심사대에서 심사받기** - 여권, 탑승권, 출국신고서 제출하기

⑤ **세관신고하기**

- 고가품은 신고필증(cutom stamp)을 교부 받도록 한다.

⑥ **보안검색** (금속탐지문 통과하기)

⑦ 면세점 쇼핑하기
- 공항 면세점은 나갈 때만 이용할 수 있다.

⑧ 탑승 게이트로 가서 기다리기 - 최소한 30분 전까지는 탑승권에 적힌 게이트 대기실에 도착해 있어야 한다.

02 기내에서

- 기내에 입장하면 승무원들이 좌석 안내를 도와준다. 탑승권에 표시된 본인의 자리를 찾아 가벼운 짐은 머리 위 선반에 넣고 무거운 짐은 떨어질 경우 다칠 위험이 있으므로 좌석 아래에 두는 것이 안전하다.
- 착석하면 안전벨트를 매고 이륙 후 안전벨트 사인이 꺼지더라도 기체 동요가 있을 수 있으므로 매고 있는 것이 좋다.

- 기내식이 시작되면 뒷사람에게 방해가 되지 않도록 좌석을 바로 하고 식사 테이블을 핀다. 음료는 주스, 탄산음료, 맥주, 와인, 위스키 등 취향대로 주문할 수 있으며, 식사는 두 가지 중 하나만 선택할 수 있는데, 알코올은 가급적 많이 마시지 않는 것이 좋다. 기내에서는 평소보다 약 두·세배 빨리 취하기 때문이다.

- 목적지 입국 수속을 위해 승무원들이 나누어주는 목적지 출입국 카드(E/D카드)와 세관 신고서를 작성하게 된다.

※ 기내수칙

- 이/착륙시 안전벨트는 착용 해제 신호등이 들어올 때까지 착용한다.

- 비행기가 착륙하자마자 좌석에서 일어나 짐을 챙기는 것도 위험한 행동이다.

- 화장실을 사용할 때에는 노크를 하지 말고 표시등을 보고 이용하면 되는데 사용중 일 때는 빨간불(Occupied), 비어있을 때는 녹색불(Vacant)로 표시된다. 화장실 안에서 흡연하면 화재 경보 센서가 작동되어 승무원에게 법률에 의한 제재를 당하니 주의해야 한다.

※ 기내 서비스 이용하기

승무원에게 서비스 요청을 하는 것은 승객의 당연한 권리이므로 주저할 필요는 없다. 기내에서는 식사, 차, 음료, 맥주, 와인 등이 무료로 제공되나 일부 항공사의 경우 주류를 유료로 제공하기도 하니 확인이 필요하다. 퍼스트(First), 비즈니스 클래스는(BuSiness class)무료이다.

- 승무원을 부를 때는 좌석 옆이나 머리 위의 콜 버튼(Call Button)을 누른다.

- 승무원들의 기내 서비스는 비행기 이륙 후 수평고도를 잡은 후 시작된다.

- 장거리 탑승시 음료부터 시작하여 기내식 순으로 서비스 된다.

- 기내식은 특정 음식을 먹지 않는 승객에게는 다른 음식으로 대체 하여 제공된다.

- 만일 종교나 건강상 채식, 생선류 등 특별 기내식 서비스를 받으려면 항공권 예약시나 탑승 72시간 전에 신청한다.

- 소화불량이나 미열이 있을 때는 간단한 구급약을 요청한다.

03 경유지 공항에서

※ 중간 기착지에서의 수화물 처리

경유지로 짐을 탁송했을 경우에는 도착표시(Arrival)를 따라간다. 화물 수취소 안내판(Baggage Claim)을 만난다. 최종 목적지로 탁송한 짐과 보딩 패스에 적힌 출구번호(Gate No)를 확인한다.

※ 중간 기착지

장거리 노선의 경우 비행기의 급유와 승무원 교대, 기체점검 등으로 약 1시간 가량 중간 기착지에 머무른다 모든 승객은 기내에서 공항 보세구역으로 안내된다. (쇼핑이나 휴식을 취할 수 있음) 기내에서 나올 때 서류 가방이나 귀중품(카메라, 여권 등)은 가지고 내린다. 공항에 따라 기내에서 내릴 때 중간기착승객 표시카도(재탑승시 필요)를 나눠준다. 시간에 맞춰(안내방송 나옴) 처음에 내렸던 게이트에 와서 기다리면 직원이 탑승 안내를 해준다.

※ 중간 기착지에서의 환승 절차

경유지(Transit) 공항은 목적지까지 한 번에 가는 항공편이 없어 중간에 갈아타는 공항을 말한다. 보통 2시간에서 하루 이상 연결 항공편을 기다리는 경우가 않다. 지나치게 촉박한 연결 항공편을 택하면 자칫 경유지에서 타야 할 항공기틀 놓치는 경우가 일어날 수도 있으니 주의해야 한다. 중동, 아프리카, 동유럽행의 경우 몇시간 이상을 대기해야 하므로 적당한 휴식이나 쇼핑을 하며 시간을 보내는 것이 좋다.

04 도착지 공항에서

※ 입국 수속 절차

서류작성 기재요령

- Name : 이름
- Surname 혹은 Family Name : 성
- Date of Birth : 생년월일
- Flight No : 탑승 항공기 편명
  (예: KE707 = 대한항공 707편)
- Signature : 자필서명
- Occupation : 직업
- Purpose of Visit : 입국 사유
  (예: Travel - 여행 / Business - 사업)
- Intended Days of Stay : 체류 예정 일수 기재
- Male/Female(혹은 Sex 라고 표기함) : 남/녀로 구분 표기
- Place of Stay : 체류장소 기재

※ 입국 수속

도착하면 'Arrival', 'Immigralion' 표시를 따라 이동한다. 아니면 사람들이 가는 방향으로 같이 따라가면 입국 심사대가 나온다. 어느 외국 공항에서나 입국 심사대는 내국인용과 외국인용이 있기 마련인데 외국인 전용 줄에 서 있으면 된다. 자기 차례가 되면 기내에서 미리 기입해 둔 ED카드를 여권에 끼워서 심사관에게 제출하면 되는데 어떤 나라에서는 돌아 갈 비행기표 제시를 요구하기도 한다.

때에 따라서는 방문 목적이나 체류하는 동안 숙소가 어디냐, 체류기간은 어느 정도냐 등의 간단한 인터뷰를 하기도 하므로 당황하지 말고 대답하면 된다. (★ 66쪽 참고)

심사가 끝나면 짐을 찾으러 간다. 본인이 타고 온 항공기 번호가 표시된 컨베이어에서 자기 짐을 찾아 세관검사를 받으면 되는데 별 이상이 없으면 쉽게 통과할 수 있다.

탁송화물을 투숙 호텔까지 전부 들고 갈 필요가 없을 때는 공항내 수화물 보관소(Baggage Deposit)에 보관해 두면 편하다.

※ 세관 통과하기

세관에 신고해야 하는 품목은 새로 구입한 물건과 선물 등이며 음식물, 농작물, 동물성 품목은 반드시 신고하도록 되어 있다.

구입한 물건과 선물은 $400까지 세금을 안내지만 그 이상일 경우 일정액의 세금을 내야 한다. 현금은 1만 달러 이상을 소지할 경우 갖고 있는 총액을 정확히 신고해야 한다. 만일 신고를 하지 않거나 신고액

이 실제와 다를 경우 과태료나 벌금 등 제재를 당할 수도 있다. 그 밖에 여행자들이 소지하고 있는 시계와 카메라, 귀금속 등은 출발지역의 세관에 미리 신고해서 여권에 기재해 두는 것이 편리하다.

※ 면세로 반입할 수 있는 물건

• 개인 휴대품이나 직업장비는 세관원이 내용이나 양에 있어 합당하다고 판정하면 면세로 반입할 수 있다.

• 신변용품

여행자 본인의 사용 또는 특별한 목적을 위해 필요한 휴대품 및 기재는 상식적인 범위를 초과하지 않은 것.

공항에 관련된 단어

검역	検疫	켕에끼
여권	パスポ-ト	파스포-토
출국카드	出国カ-ド	슛꼬꾸카도
입국심사	入国審査	뉴-꼬꾸신사
입국카드	入国カ-ド	뉴-꼬꾸카-도
여행 목적	旅行の目的	료꼬 노 모꾸떼끼
관광	観光	캉고-
유학	留学	류우가쿠
친구 만나러	友達に 会いに	토모다찌니 아이니
사업상	ビジネスの為に	비지네스노 다메니
수하물	手荷物	테니모쯔
상환증	引換証	히끼가에쇼
가방	カバン	카방
트렁크(trunk)	トランク	도랑크
검은	黒い	쿠로이
세관	税関	제이깡
보석	宝石(ほうせき)	호세끼
카메라(camera)	カメラ	카메라
보세창고	保税倉庫	호제-소-꼬
맡기다	あずける	아즈께루
관광안내소	観光案内所	캉꼬안나이쇼

MEMO

At the Airport
출국수속(공항 카운터)

대한항공 탑승 수속대는 어디에 있습니까?

KALの搭乗手続きカウンター-はどこですか?

가르노 도우조 테쯔조기 카운타-와 도꼬데스까

비행기표를 보여주세요.

チケットをどうぞ。

치캣또오 도-조

여기 있습니다.

はい、どうぞ。

하이 도-조

통로 측과 창가 측, 어느 쪽이 좋으십니까?

通路側と窓側どちらのほうがよろしいですか?

쯔-로- - 가와또 마도가와 도찌라노 호-가 요로시-데쓰카

창가 좌석이 좋습니다.

窓側の座席をおねがいします。

마도가와노 자세끼오 오네가이시마스

짐이 있습니까?

お荷物はありますか?

오니모쯔와 아리마스카

02 At the Airport
기내에서 자리찾기

내 자리는 어디입니까?

私の席はどこですか?

와타시노 세키와 도코데스카

항공권을 보여 주세요.

航空券を見せてください。

코-쿠-켕오 미세테 구다사이

여기 있습니다.

はい、これです。

하이 고래데스

손님 좌석은 통로에 있습니다.

お客さんのざせきは通路にあります。

오까꾸상노자세키와 쯔으로니 아리마스

제 자리에 앉으신 것 같은데요.

すみません。ここは私の席なんですが。

스미마센 고고와 와타시노 세키난데스가

좀 지나가겠습니다.

ちょっと失礼います。

촛또 시쓰레이시마스

Basic Conversation

필요한 것 말하기

한국말 하는 스튜어디스가 있어요?

韓国語ができるスチュワーデスを呼んでください。

강코쿠고가 데키루 스츄와-데스오 욘데 구다사이

도착하려면 몇 시간 남았습니까?

到着の時間がどのぐらい残っていますか?

토-짜쿠노 지강가 도노구라이 노콧테 이마스까

한국어 신문이 있습니까?

韓国語の新聞がありますか?

캉코쿠노 신붕가 아리마스까

커피 좀 주세요.

コヒお願いします。

고히 오네가이시마스

마실 것 좀 주시겠어요.

ちょっと飲み物をお願いします。

마도가와노 자세끼오 오네가이시마스

물을 주세요.

ちょっとお水をお願いします。

쫏도 오미즈오 오네가이시마스

이 안전벨트를 어떻게 맵니까?

この安全ベルトはどうつけますか?

고노 안젠베르토와 도우 쓰케마스까

에어컨을 끄고 싶어요.

エアコンを消したいです。

에아꼰오 케시다이데스

안대 좀 주세요.

眼帯ちょっとお願いします。

난데스까

헤드폰 좀 주세요.

ヘッドフォンちょっとお願いします。

도나타 사마데스까

쿠션과 담요를 하나씩 더 가져다 주시겠습니까?

クッション、毛布をもう一枚ずつ下さいませんか?

쿳숀 모-후오 모우이찌마이즈츠 구다사이마셍까

화장실은 어디인가요?

トイレはどこですか?

토이레와 도꼬데스까

At the Airport

기내식 먹기

식사는 언제 나옵니까?

食事はいつ出ますか?

쇼쿠지와 이쓰 데마스까

밥 먹을 때 깨워주세요.

ご飯を食べる時、起こしてください。

고항오 타베루 도끼 오코시떼 구다사이

소고기로 주세요

牛肉にして下さい。

규-니꾸니 시떼 구다사이

포도주 한 잔 주세요.

ワイン、一杯ください。

와인 잇파이 구다사이

한 잔 더 마실 수 있습니까?

もう一杯、飲むことができますか?

모우 잇파이 노무고토가 데키마스까

한 그릇 더 주시겠어요?

もう一杯くださいませんか?

모우 잇파이 구다사이마생까

05 At the Airport
아플 때 말하기

몸이 안 좋은데요. 가능하면 눕고 싶습니다.
体の調子がよくないですので、少し横になりたいです。
가라다노 쬬우시가 요쿠나이노데 스코시 요코니나리타이데스

머리가 아픕니다.
頭が痛いです。
아타마가 이타이데스

멀미가 나는군요.
吐き気が催しますね。
하키케가 모요오시마스네

배가 아파요.
お腹が痛いです。
오나까가 이타이데스

춥습니다.
寒いです。
사무이데스

의자 좀 눕혀도 될까요?
ちょっといすを横にしてもいいですか?
춋또 이스오 요코니시테모 이이데스까

속이 불편합니다.

お腹の具合いが悪いです。

오나까노 구아이가 와루이데스

귀가 아파요.

耳が痛いです。

미미가 이타이데스

다리가 아프지만 일어나도 되겠습니까?

足が痛いから起きてもいいですか?

아시가 이타이까라 오키테모 이이데스까

진통제를 주세요.

鎮痛剤をください。

찐쯔ー자이오 쿠다사이

설사를 했습니다.

下痢をしました。

게리오 시마시타

여기가 아픕니다.

ここが病いです。

코코가 이타이데스

머리(위, 이)**가 아픕니다.**

頭(胃, 歯)がいたいです。

아타마(이. 하)가 이따이데스

06 At the Airport
입국 신고서 작성하기

이 서식을 어떻게 기재하면 되나요?

この書式をどう記入しますか?

고노 쇼시키오 도우 기뉴-시마스까

입국카드를 주십시오.

入国カ-ドをください。

뉴-코쿠 카도 구다사이

펜 좀 써도 될까요?

ちょっとペンを使ってもいいでしょうか?

춋또 펜오 쯔갓데오 이이대쇼-까

이곳에 무엇을 써야 되나요?

こちらに何を書きますか?

고찌라니 나니오 카키마스까

한 장 더 주시겠어요?

もう一枚、下さいませんか?

모우 이찌마이 구다사이마생까

제 입국카드 좀 봐주시겠어요?

ちょっと、私の入国カ-ドを見てくださいませんか?

춋또 와따시노 뉴-코쿠 카도오 미때 구다사이마생까

At the Airport

중간 기착지에서 기다리기

이 공항에서 얼마나 머물게 되나요?

この空港でどのぐらい泊りますか?

고노 쿠우코우데 도노구라이 토마리마스까

통과 여객이십니까?

通過旅客でございますか?

쯔우까 료갸쿠데 고자이마스까

예, 그렇습니다.

はい、そうです。

하이 소우데스

어느 정도 머물 예정입니까?

どのぐらい泊っている予定ですか?

도노구라이 토밧떼 이루 요테이데스까

비행기는 예정대로인가요?

飛行機は予定どおりですか?

히코우키와 요테이도오리 데스까

이 통과 카드를 갖고 계십시오.

この通過カ-ドを持っていてください。

고노쯔우카 카도오 못떼 잇떼 구다사이

08 At the Airport
비행기 갈아타기

비행기를 갈아타야 합니다.
飛行機を乗り換えなければなりすせん。
히코우키니 노리카에나케레바 나리마센

비행기는 어디서 갈아타죠?
飛行機は何処で乗り換えますか?
히코우키와 도코데 노리카에마스까

어느 비행기로 갈아타십니까?
どの飛行機に乗り換えますか?
도노 히코우키니 노리카에마스까

델타항공 205편입니다.
大韓航空205便です。
다이캉코우쿠우 니햐쿠고빙데스

맡긴 짐은 어떻게 됩니까?
預けた荷物はどうなりますか?
아스게따 니모쯔와 도우 나리마스까

이 길로 가면 대합실이 나옵니까?
この道に行くとまちあいしつがありますか?
고노 미지에 이쿠또 마치아이시쓰가 아리마스카

At the Airport

기내에서 자주 듣는 말

잠시 후에 이륙합니다.

間もなく、離陸いたします。

마모나쿠 리리쿠이타시마스

선반 좀 올려주십시오.

ちょっと棚を上げてください。

춋또 타나니 아게때 구다사이

안전벨트를 착용해 주십시오.

安全ベルトをつけてください。

안젠베루토오 쓰케테 구다사이

비상 탈출구는 기체의 양 옆쪽에 있습니다.

非常口は機体の兩側にあります。

히죠-구찌와 키타이노 료-가와니 아리마스

저희 비행기는 약 10분 후에 착륙하겠습니다.

飛行機は約10分後に着陸いたします。

히코우키와 야쿠 줏푼고니 짜쿠리쿠 이따시마스

저희 항공사를 이용하여 주셔서 감사합니다.

わが社の航空社をご利用くださいまして、真にありがとうございました。

와가샤노 코우쿠우샤오 고리요우쿠다사이마시테 마코도니 아리사토우고자이마시다

10 At the Airport
입국 심사대에서

어디에서 오셨습니까?

どちらからいらっしゃいましたか?

도찌라카라 이랏샤이마시타까

한국 서울에서 왔습니다.

韓国のソウルからきました。

강꼬꾸노 소우무까라 키마시따

방문 목적은 무엇입니까?

旅行の目的はなんですか?

료꼬노 모꾸떼끼와 난데스까

관광입니다.

観光です。

캉꼬우데스

일본에서 며칠간 머무를 겁니까?

日本では何日間お泊まるつもりですか?

니혼데와 난니치칸 오토마루 츠모리데스까

약 5일 간입니다.

やく五日間です。

야꾸이쯔까깡데스

어디에서 머무를 예정입니까?

どこで泊まる予定ですか?

도꼬데토마부요때이데스까

유스호스텔입니다.

ユスホステルです。

유스호스테루데스

직업이 무엇입니까?

おしごとは何ですか?

오시고또와 난데스까

학생입니다.

学生です。

각세이데스

여권을 보여주세요.

パスポ-トを見せてください。

파스뽀-도오 미세테 구다사이

일본 방문이 처음이신가요?

日本に來たのは初めてですか?

니혼니 키따노와 하지매떼데스까

네, 처음입니다.

はい，初めてです。

하이 하지메떼데스

At the Airport
집 찾기

수하물은 어디서 찾나요?

手荷物は何処で探しますか?

테니오쯔와 도코데 사가시마스까

제 가방이 보이지 않습니다.

私のカバンが見えません。

와따시노 가방가 미에마생

무슨 항공으로 오셨습니까?

どの航空からおいでになりましたか?

도노코우쿠우까라 오이데니 나리마시따까

대한항공 472편으로 왔습니다.

大韓航空472便で來ました。

다이캉코우쿠우노 472빙데 키마시타

수하물표를 가지고 계십니까?

手荷物チケットを持っていらっしゃいますか?

테니모쯔 찌켓토오 못때 이랏샤이마스까

가방 안에 무엇이 들어있습니까?

カバンの中に何がありますか?

가방노 나까니 나니가아리마스까

어떤 가방입니까?

どちらのかばんですか?

도찌라노 가방데스까

검은색 가방이 제 것입니다.

黒いかばんがわたしのです。

쿠로이 카방가 와따시노데스

이것이 제 수하물 인환증입니다.

手貨物の引換証はこれです。

테니모쓰노 히끼가에쇼-와 고레데스

제 짐은 세 개입니다.

わたしの荷物は3個です。

와따시노 니모쯔와 상꼬데스

네, 여기 있습니다.

はい, ここにあります。

하이 코코니 아리마스

아! 저기 있네요.

あ! あそこにありますね。

아아소코니 아리마스네

12 At the Airport
세관 통과하기

세관 신고서를 보여주세요.

税関申告書を見せてください。

제이간신코쿠쇼오 미세때 구다사이

예, 여기 있습니다.

はい、どうぞ。

하이 도-조

신고할 물건이 있습니까?

申告する荷物がありますか?

신코쿠스루 니모쓰가 아리마스까

아니오, 없습니다.

いいえ、ありません。

이-에 아리마생

가방을 열어 보십시오.

カバンを開けてください。

가방오 아세때 구다사이

이것들은 무엇입니까?

これらは何ですか?

고레라와 난데스까

이것은 친구들에게 줄 선물입니다.

これらは友達に上げるプレゼントです。

고레라와 도모다찌니 아게루 프레젠토데스

이것도 세금을 내야 합니까?

これも税金を納めますか?

고레모 재이킹오 오사메마스까

다른 짐은 없습니까?

他の荷物はありませんか?

호까노 니모쯔와 아리마생까

이 카메라는 내가 쓰는 겁니다.

このカメラは私が使うものです。

고노 카메라와 와따시가 쯔까우모노데스

한국에서 10,000원 정도 주고 산 겁니다.

韓国で10,000ウォンで買ったものです。

상코쿠데 이찌망원데 캇따모노데스

됐습니다, 이제 가셔도 됩니다.

いいです。行ってもいいです。

이이데스 이테모이이데스

13 At the Airport
환전하기

환전소는 어디입니까?

両替屋はどこですか?

료-가에야와 도코데스까

이 수표를 현금으로 바꾸고 싶습니다.

この小切手を現金に両替したいです。

코노 코깃떼오 겡킨니 료우가에 시따이데스

어떻게 바꿔드릴까요?

どう両替して上げましょうか?

도우 료-가에시떼 아게마쇼우까

여권을 보여주세요.

パスポ-トを見せてください。

파스포-토오 미세때 구다사이

천 엔 권으로 주세요.

千円札でください。

센엔사쓰데 구다사이

잔돈도 섞어주세요.

お釣りも混ぜてください。

오쯔리모 마제때 구다사이

여기에 서명해주세요.

どうぞ、サインお願いします。

도-조 사인오네가이시마스

계산이 다른 것 같습니다.

お勘定が合わないようです。

오칸죠-가 아와나이 요우데스

환전을 부탁합니다.

両替をお願いします。

료-카에오 오네가이시마스

이것을 엔화로 바꿔주세요.

これを円に換えてください。

코레오 엔니 카에때 구다사이

여행자 수표도 환전되나요?

トラベラ-ズチェックも?替されるんですか?

토라베라즈 체크도 료우가에사레룬데스까

오늘 환율이 얼마인가요?

今日為替レ-トがいくらでしょうか?

쿄우 카와세래-토가 이쿠라데쇼우까

수수료는 얼마인가요?

手数料はいくらでしょうか?

테스-료-와 이쿠라데쇼우까

14 At the Airport
여행자 안내소에서

이 도시의 지도 한 장 주시겠습니까?

この都市の地図1枚をくださいませんか?

고노 토시노 치즈 이치마이오 구다사이마셍까

이 도시에 관한 안내서를 주세요.

この都市についての案内書をください。

고노 토시니 즈이테노 안나이쇼오 구다사이

힐튼호텔에 가려면 어떻게 해야하나요?

ヒルトンホテルに行くためにはどうすればいいですか?

히루몬 호테루니 이쿠타메니와 도우 스레바 이이데스까

공항버스가 한 시간 간격으로 운행됩니다.

空港バースが1時間の間隔で運行されます。

쿠-코- 바-스가 이치지간노 칸카쿠데 운코-사레마스

다음 차는 언제 있죠?

次の車はいつ來ますか?

쯔기노 구무마와 이쯔 키마스까

10분 후에 출발합니다.

10分後に、出発します。

줏푼고니 슛파츠시마스

03

호텔에서

In the Hotel

01 체크인하기
02 체크인(예약이 되었을 때)
03 체크인(예약이 안 되었을 때)
04 안내 부탁하기
05 룸 서비스
06 프런트에서
07 귀중품 맡기기
08 체크아웃하기
09 문제가 생겼을 때

호텔에서

01 일본의 숙박시설

■ 국제수준급 호텔

영어를 구사하는 호텔 안내원이 제공하는 편의에는 'executive salon'의 비서 업무와 컴퓨터, 팩시밀리 등의 사무기기 이용 서비스가 포함된다. 이들 호텔의 식당들은 주요 도시에서도 가장 훌륭한 식당으로 손꼽히며, 다양한 종류의 요리를 제공하고 있다. 칵테일 라운지를 비롯하여 룸 서비스나 통역 업무에 이르기까지 고객이 원하거나 필요로 하는 거의 모든 서비스를 제공하고 있다. 대부분의 고급 호텔은 인접 국제공항으로의 리무진버스도 운행하고 있다. 특급호텔의 더블 혹은 트윈룸의 하룻밤 숙박비는 평균 30,000엔 정도이며 일급 호텔의 경우는 약 20,000엔이다.

■ 비지니스 호텔

조금 저렴한 숙박시설로서 일반적으로 이들 호텔은 룸 서비스를 제공하지 않으며 객실 크기는 작지만 일본답게 편리성을 갖추고 있다. 각층 객실의 복도에는 간이식품이나 음료를 살 수 있는 자동판매기가 설치되어 있다. 호텔의 위치도 역에 가까운 경우와 교통이 편리한 곳에 위치해 있다. 객실은 주로 욕실이 딸려 있는 싱글 룸이 많다. 숙박료는 보통 5,500엔에서 최고 10,000엔 정도이다.

■ 펜션

가정집 같은 분위기와 정성어린 음식이 특징으로 일본 전역의 유명 휴양지에서 찾아볼 수 있다. 전형적인 펜션에는 10여 개의 서양식 객실이 있으며 가족이 운영한다. 평균 숙박료는 두 끼의 식사를 포함하여 8,000엔에서 9,000엔 정도이다.

■ 료칸

전통적인 료칸(일본식 여관)의 디자인은 단순하지만 넓고, 바닥에는 다다미가 깔려 있다. 침구는 벽장에 보관되어 있는데 저녁 식사가 끝나면 객실 담당 여성이 방에 침구를 깔아준다.
목욕탕은 때로는 공중탕이며 남녀탕으로 구분되어 있다. 온천휴양지에 있는 여관에서의 목욕은 특별한 경험이 된다. 간소한 아침 식사를 방까지 가져다 주며 그 가격은 숙박료에 포함되어 있다.
1인당 하룻밤 숙박료는 15,000엔에서 40,000엔 정도이며 세금과 서비스 요금은 별도이다.

■ 민박

가족이 직접 운영하는 작은 가정 여인숙이다. 저렴한 숙박료로 일본의 가정생활을 좀 더 알차게 경험해 볼 수 있다. 숙박료는 가정식 식사 두 끼를 포함하여 6,500~9,000엔이다. 종업원이 따로 해주는 서비스가 없으므로 여행자가 직접 침구를 깔고 개야 한다,

■ 국민숙사

인기 있는 휴양지나 국립공원 지역내에 위치하며, 저렴한 숙박료로 묵을 수 있다. 1박에 약 6,500엔 정도이며 1일 2식이 포함된 가격이다. 객실, 욕실과 화장실 모두 일본식으로 되어 있다.

호텔에서

01 호텔에 도착하여

※ 예약

호텔 예약과 확인은 필수사항. 반드시 확인 전화를 한다. 예약시 도착일, 숙박일 수, 객실의 종류를 명시한다. 예약 확인서는 본인이 필히 지참, 체크인 할 때 제시한다. 확인 예약에도 불구하고 방이 없을 경우 호텔 측이 같은 급의 호텔을 마련해 주는 것이 관례이다.

※ 모닝콜

전날 미리 신청해 두면 원하는 시간에 잠을 깨워 주는 모닝콜 서비스는 호텔에 따라서 신문이나 커피, 티 등을 모닝콜과 함께 서비스하는 경우도 있으므로 미리 확인해두면 편리하게 이용할 수 있다.
패키지를 이용하는 고객은 헬스클럽 무료 이용이나 사우나 할인 등이 제공되므로 잘 챙겨서 이용해 보도록 하자.

※ 체크인

체크 인 할 때는 본인의 이름을 정확히 기재한다.

등록카드(Registration card)에는 국적, 생년월일, 여권번호, 체크아웃 일자 등을 적는다. 할증료나 할인료 등이 적용되는지 체크인 전에 확인한다. 전시회나 국제행사 기간 증에는 20~30%이상 추가해서 요금을 받는 경우가 대부분이다.

※ 객실의 종류

객실의 종류는 침대(Bed)의 수와 부대시설의 크기에 따라 구분된다. 여행의 목적과 동반자의 인원에 따라 객실을 정한다. 비즈니스 여행의 경우 일행이 많고 업무 회의를 가져야 할 경우 주니어 스위트를 사용하는 것이 경제적이고 효과적이다.

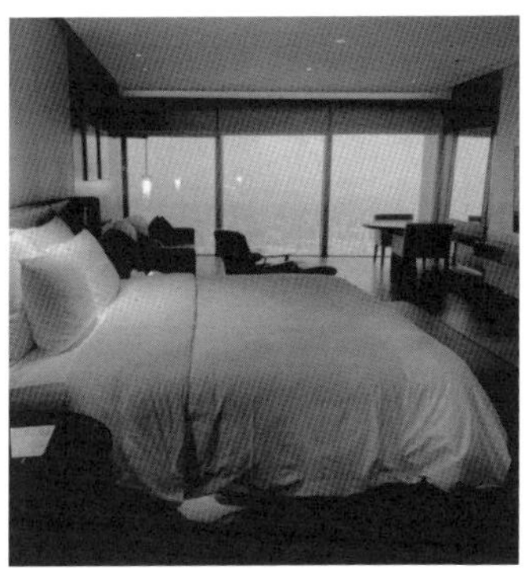

가족여행의 경우 추가로 침대를 요청하면 보조침대를 마련해주므로 너무 큰 객실을 정할 필요는 없다.

TIP

- **1인실** : single room (1인용 침대가 있는 방)
- **2인실** : double room (2 인용 침대가 있는 방)
  twin room　(1인용 침대가 두 개가 있는 방)
- **4인실** : suit room (침실과 거실, 주방이 있음)

※ 객실에서

■ 메이크업(makeup)카드

메이크업(makeup)카드는 저녁 때 투숙객이 외출한 시간을 이용해서 객실을 정리해 주는 서비스의 이용 여부를 알리는 카드로서, 서비스를 원할 때는 메이크업(makeup) 카드를, 원하지 않을 때는 DD(do nol dislurb) 카드나 프라이버시(privacy) 카드를 문고리에 걸어두면 된다.

■ 미니 바

미니 바의 품목들은 사용시 사용료를 지불하는 유료이다. 미니바에는 각종 주류와 스낵류 일회용 칫솔, 치약도 놓여있다.

미니 바에 놓여 있는 계산서에는 직접 체크를 해도 되고, 그냥 두면 호텔측에서 정기적으로 체크한다.

냉장고 속의 품목들도 역시 유료이다. 음료, 주류, 미네랄 워터등이 갖춰져 있는데, 물 역시 유료이다.

■ 룸 서비스(Room Service)

뜨거운 물을 원할 경우에는 룸 서비스(Room Service)에 주문하면 언제나 무료로 제공해주므로 마음껏 마실 수 있다. 객실 내에서 식사를 하고 싶을 때에는 룸 서비스를 이용하면 된다.

만약 이른 아침에 식사를 주문하고 싶을 때 아침에 번거로운 주문과정을 거치고 싶지 않다면 행어 메뉴를 이용하면 된다.

전날 저녁 미리 주문할 음식을 행어 메뉴에 체크해서 문 밖에 걸어 두면 되는 편리한 서비스이다.
전화 사용료는 체크 아웃시 계산되며, 전화는 대개 9번을 누르고 사용하면 된다.

■ TV시청

일반적으로 TV시청은 무료지만 영화 채널 같은 경우는 대개 유료이다. 선택형 비디오처럼 원하는 영화를 고른 다음 볼 수 있는데 30초에서 1분 정도는 무료이므로 이 시간 동안 볼지 안 볼지 마음을 결정하면 된다. TV 근처에 TV시청 안내 책자가 구비되어 있으므로 자세한 사항은 미리 확인해 두면 편리하다.

■ 열쇠(Key)

객실을 나설 때는 꼭 열쇠를 갖고 나가야 한다. 문은 자동으로 잠기기 때문에 잠깐 밖에 나왔다가 열쇠가 없어 들어가지 못하고 낭패를 보는 수도 있다. 카드식 열쇠는 특정 위치에 꽂아야만 객실의 전원이 들어오도록 되어 있기도 하므로 꽂는 자리가 어 디인지 확인해야 한다.

※ 욕실에서

외국의 욕실에서는 우리나라에서 하듯이 물을 튀기며 샤워를 하면 안 된다. 욕조 바깥으로는 욕실 바닥 전체에 카펫을 깔아 놓고 배수구가 없기 때문에 주의하여야 한다. 샤워를 할 때 샤워 커튼

을 욕조 안으로 집어 넣어 사용한다. 보통 더운물은 H. 찬물은 C로 표기한다. 욕실에 비치된 타월은 제일 작은 것은 비누칠 할 때 사용하고, 목욕 후 물기를 닦을 때는 제일 큰 것을 사용한다. 퇴실할 때는 사용한 타월들을 모두 욕조안에 던져 넣어 주는 것이 에티켓이다. 비누, 샤워캡, 삼푸 등은 호텔에서 서비스로 제공하는 품목들이다. 대부분의 호텔에 붙박이 헤어드라이어가 욕실에 비치되어 있으며, 무료로 사용할 수 있다.

※ 세탁

객실 내에 비치된 세탁을 백(laundry bag)에 드라이 클리닝 할 옷과 일반 세탁물을 나누어 담아 두고 체크 용지에 체크한 후 롬메이드에게 연락하면 유료로 세탁이 가능하다.

다림질 판이 필요할 경우 하우스키핑에 주문하면 무료로 다리미 판과 다리미를 대여해 준다 유료로 다림질을 대신해 주기도 한다.

신발은 객실 내에 비치된 슈샤인 천을 이용해 직접 닦거나, 신발 바구니에 담아두면 룸메이드가 닦아준다.

듀티 매니저(Duty Manager)는 호텔 내의 모든 문제를 상의할 수 있고, 이러한 불편사항을 처리해 줄 뿐 만 아니라 관광정보를 제공하고, 예약 등의 일도 맡고 있다. 듀티 매니저라는 이름 외에도 듀티 데스크(Duty Desk), 콘시어지(Concierge) 등의 이름으로 운영되기도 한다.

짐을 들어다 주는 벨 데스크(Bell Desk)에서도 관광 예약서비스를 하기도 하며 짐을 맡길 수도 있다. 체크 아웃하고 나서 짐을 들고 다니기 불편한 상황일 때는 이처럼 벨 데스크에 짐을 맡기면 되는데, 대부분 무료지만 호텔에 따라 유료인 경우도 있다.

침대 위에 씌워진 커버도 이불이라고 생각하지만 사실 이것은 이불 위에 먼지가 쌓이지 않도록 하는 덮개일 뿐이다. 이 커버를 걷어서 옷장 안에 개어 놓고, 이불 속으로 들어가기 쉽도록 이불을 약간 추스려 놓아주는 것이 바로 하우스키핑 턴다운 서비스다. 뿐만 아니라 신기 편하도록 슬리퍼를 침대 옆에 놓아두고, 커텐을 닫아 주고, 샤워실 밑에 수건을 깔아준다.

※ 시설물 이용

호텔에는 헬스클럽 간이 의료시설, 비즈니스 시설, 환전 창구, 우편 발송, 교통관광 안내소, 안전금고, 관리인 등 제반 편의 시설이 마련되어 있다.

부재중 외부 전화나 연락은 미리 프런트에 부탁한다. 연락사항이 있을 경우 프런트에서 직접 전해주거나 메시지 램프에 불이 들어와 메시지가 있음을 알려준다.

※ 체크아웃

체크아웃은 보통 12시인데 오후 6시 정도까지 있을 때는 객실비의 반을 내는 하프 데이 차지(Hall day charge)를 적용한다. 만일 출발 시간이 오후일 경우, 일단 12시에 체크아웃을 한 후, 짐은 클락 룸(Cloak Room)에 보관하고 보관증을 받아두면 된다.

※ 팁

외국에서 팁이란 제공받은 서비스에 대한 조그만 감사의 표시이다. 사실 팁만으로 생활을 꾸려가는 사람이 있을 정도라니 외국에서 팁이 얼마나 보편화되어 있는지 알 수 있겠다.

팁의 금액은 상황에 따라 다르다.

팁에 대해서 너무 인색하면 자칫 무례한 행동이 될 수 있고 그렇다고 듬뿍 팁을 주는 것도 허세를 부리는 행동으로 간주되기 쉽다. 이런 경우는 돈주고도 욕먹는 셈이 되니 적정선을 잘 유지하는 것이 대단히 중요하다. 경우에 따라 다르지만 보통 우리나라 돈으로 1,000~2,000원 정도로 생각하면 된다.

호텔에선 방에서 나올 때 일반적으로 1 US$ 정도를 침대 위에 올려놓으면 되고, 다른 서비스를 받을 때도 1~2 US$ 정도틀 주면된다.

숙박에 관련된 단어

싱글 룸	シングルルーム	싱구루
더블 룸	ダブルルーム	다부루
트윈 룸	ツイソルーム	츠윈
목욕	お風呂	오후로
예약	予約(よやく)	요야꾸
욕실	呂場	후로바
화장실	トイレット	토이렛도
세탁물	洗濯物	쎈따꾸모노
난방	暖房(だんぼう)	담보
냉방	冷房	레이보
치약	歯みがき	하미가끼
칫솔	歯ブラシ	하부라시
베개	枕(まくら)	마꾸라
담요	毛布(もうふ)	모후
전화	電話(でんわ)	뎅화
욕조	よくそう	요꾸소우
계산서	計算書	계상쇼
귀중품 보관	貴重品ほかん	키쵸힝호칸
식당	食堂	쇼꾸도
아침 식사	朝食	쵸-쇼꾸
룸 서비스	ルームサービス	루-무사-비스

MEMO

In the Hotel

체크인하기

조용한 방을 부탁합니다.

静かな部屋をお願いします。

시즈카나 해야오 오네가이시마스

하룻밤에 얼마입니까?

一泊にいくらですか?

잇파쿠니 이쿠라데스카

조식은 몇 시부터 입니까?

朝ごはんは何時からですか?

아사고항와 난지까라데스까

조식은 8시 30분부터입니다.

朝食は八時三十分からです。

쵸우쇼꾸와 하찌지 산짓뿐까라데스

체크아웃은 오전 10까지입니다.

checkoutは午前10時までです。

체쿠아우또와 고젠 쥬우지마데데스

알겠습니다.

わかりました。

와까리마시따

In the Hotel

체크인(예약이 되었을 때)

방을 예약해 두었는데요.

部屋を予約したはずですが。

헤야오 요야꾸 시따하즈데스가

성함이 어떻게 되십니까?

お名前をお願いします

오나마에오 오네가이시마스

~ 라고 합니다.

~ともうします。

~ 또 모우시마스

예, 예약되어 있습니다.

はい、予約されています。

하이 요야쿠사레테이마스

그럼, 이 숙박카드 좀 작성해 주십시오.

それでは、この宿泊カドにご記入してください。

소레데와, 고노 슈꾸하꾸카도니 고키뉴-시테 구다사이

감사합니다.

ありがとうございます。

아리가토우고자이마스

In the Hotel

체크인(예약이 안 되었을 때)

호텔

빈 방이 있습니까?

空いた部屋はありますか?

아이타 헤야와 아리마스카

예, 있습니다.

はい、あります。

하이 아리마스

아니오, 없습니다.

いいえ、ありません。

이-에 아리마셍

1박에 얼마입니까?

一泊にいくらですか。

잇빠꾸니 이꾸라데스까

회원증을 가지고 계십니까?

会員証はお持ちですか?

카이인쇼우와 오모찌데스까

예, 가지고 있습니다.

はい、もっています。

하이 못때이마스

실례하지만, 빈 방 있습니까?

すみませんが、お部屋ありますか?

스미마생가 오헤야 아리마스까

1박에 3000엔입니다. 얼마나 계실 겁니까?

一泊で3000円です。何日お泊まりになりますか?

잇빠꾸데 산젱엔데스 난니치 오토마리니 나리마스까

1박입니다.

一日とまります。

이찌니치 토마리마스

아침 식사는 포함되어 있나요?

朝食は含まれているんですか?

쵸쇼쿠와 후쿠마레테 이룬데스까

욕실이 있는 방을 원해요.

ふろ場があるルームがほしいです。

후로바가 아루 루무가 호시-게스

세금과 서비스 요금이 포함되어 있나요?

このルームにします。

재이킹또 사비스료깅가 후꾸마레테 이룬데스까

In the Hotel

안내 부탁하기

내일 아침 6시에 깨워 주십시오.

あしたの朝6時に起こしてください。

아시따노 아사 로쿠지니 오코시테 구다사이

이것을 맡아주시겠습니까?

これを預けてもらえますか?

고베오 아즈껫떼 모라에마스까

방 청소를 부탁합니다.

部屋の掃除をお願いします。

헤야노 소우지오 오네가이시마스

마실 물 좀 주시겠어요?

ちょっとお水をくださいませんか?

좃또 오미즈오 구다사이마셍까

끓인 물 주시겠어요?

お湯をください

오유오 구다사이

얼음 좀 주십시오.

ちょっと氷をください。

좃또 코오리로 구다사이

05 In the Hotel
룸 서비스

룸 서비스 부탁합니다.

ルームサービスお願いします。

루-무사-비스 오네가이시마스

비누와 샴푸가 더 필요해요.

石鹸とシャンプ-に足りないです。

셋켕도 샴푸-니 타리나이데스

크리닝을 부탁해요.

クリーニングをお願いします。

쿠리-닝구오 오네가이시마스

언제 돼요?

いつできますか?

이쓰 데끼마스까

세탁물은 다 됐나요?

洗濯物はできましたか?

센타쿠모노와 데키마시따까

와이셔츠를 세탁하고 싶은데요.

ワイシャツを洗濯したいですが。

와이샤츠오 센터쿠시타이데스가

호텔

다림질을 부탁드립니다.

アイロンがけをお願いします。

아이롱가케오 오네가이시마스

123호실의 미스터 박입니다.

123号室のバクです。

햐쿠니주-산 고우시쯔노 바꾸데스

짐이 아직 안 왔어요.

まだ、荷物が來なかったです。

마다 니모쯔가 코나깟따데스

이것은 제 짐이 아니에요.

これはわたしの荷物ではありません。

고레와 와따시노 니모쯔데와 아리마생

구두를 닦고 싶습니다.

靴を磨きたいです。

구쯔오 미가키타이데스

아침 식사를 주문하려고 해요

朝食を注文しようと思います。

쵸쇼쿠오 츄몬시요우토 오모이마스

샌드위치와 커피 부탁해요.

サンドイッチとコ-ヒ-お願いします。

산도잇치토 코히 오네가이시마스

In the Hotel
프런트에서

이 근처에 한국 음식점이 어디 있나요?

この周辺で、韓国レストランはどこにありますか?

고노 슈-헹데 캉코쿠 레스토랑와 도꼬니 아리마스까

여기서 ~ 은 가까워요?

ここから~は近いですか?

고코까라 ~와 찌까이데스까

여기서 ~ 은 먼가요?

ここから ~は遠いですか?

고코까라 ~와 토오이데스까

~ 까지 걸어서 갈 수 있어요?

~まで歩くことができますか?

~마데 아루쿠고토가 데키마스까

하루 더 묵고 싶습니다.

もう一泊, 泊りたいです。

모우 잇파쿠 토마리따이데스

하루 더 일찍 떠나고 싶습니다.

一日もっと早く出発したいです。

이치니치 못토 하야쿠 슛파츠 시따이데스

레스토랑은 아침 몇 시부터예요?

レストランは朝、何時からですか?

레스토랑와 아사 난지까라데스까

택시를 불러주시겠어요?

タクシ-を呼び出してくれませんか?

탁쿠시오 요비다시테 쿠레마생까

지금 문을 연 식당이 있을까요?

今の時間に、オープンしているレストランがあるのでしょうか?

이마노 지강니 오—픈시테이루 레스토랑가 아루노 데쇼-까

팩스를 보낼(받을) 수 있습니까?

ファックスを送る(受ける)ことができますか?

팍스오 오꾸루(우케루)코토가 데키마스까

인터넷을 할 수 있을까요?

インタ-ネットができましょうか?

인타넷토가 데키아쇼우까

국제전화를 걸고 싶습니다.

国際電話をかけたいです。

고쿠사이뎅와오 가케다이데스

In the Hotel

귀중품 맡기기

실례합니다. 귀중품을 맡길 수 있을까요?

失礼します。貴重品を預けることができますか?

시츠레이시마스 키쵸~힝오 아즈케루 고또가 데끼마스까

네, 그러시죠. 이 봉투에 넣어서 봉합해 주세요.

はい、そうです。この封筒に入れて封緘してください。

하이 소우데스 고노 후-토니 이레때 후-구강시테 구다사이

언제까지 맡겨 두실 건가요?

いつまでお預かりになりますか。

이쓰마데 오아즈까리니 나리마스까

다음주 월요일, 체크 아웃 할 때까지요.

来週の月曜日、チェックアウトする時までです。

라이슈나노 게츠요-비 체크아우토스루도끼마데

계산은 제방으로 달아주세요.

勘定は私のルームにつけてください。

칸-죠-와 와타시노 루-무니 츠케테 구다사이

보관증을 주세요.

保管証をください。

호칸쇼-오 구다사이

In the Hotel

체크아웃 하기

호텔

(체크아웃)하고 싶습니다.

チェックイン(チェックアウト)したいんですが。

체크인(체크아웃또) 시따잉데스가

손님은 몇 호 실입니까?

お客様は何号室でございますか?

오캬쿠사마와 난고우시쯔데 고자이마스까

제 방은 603호입니다.

私の部屋は603号室です。

와따시노 헤야와 록퍄쿠산 고우시쯔데스

알겠습니다. 처리가 다 되었습니다.

分かりました。処理できました。

와까리마시다 쇼리데기마시다

여행자 수표로 지불이 가능한가요?

旅行者の小切手で支払いができますか?

료코-샤노 코깃테데 시하라이가 데키마스까

예, 가능합니다. 하지만 신분증을 보여주세요.

はい、できます。身分証明書をお見せください。

하이 데키마스 미분쇼우메이쇼오 오미세구다사이

호텔

여기 객실 요금계산서가 있습니다.

どうぞ、お客室の料金計算書でございます。

도-조 오캬쿠시쯔노 료-킨케아산쇼데 고자이마스

영수증이 필요합니다.

わたしは領収証が必要です。

와타시와 료우슈쇼-가 히쓰요우데스

내일 아침에 체크아웃 하겠어요.

明日の朝にチェックアウトします。

아시다노 아사니 체크 아웃토시마스

이것은 무슨 비용입니까?

これは何の費用ですか?

코레와 난노 히요우데스까

계산이 잘못된 것 같아요.

計算が間違ったようです。

케이산가 마찌갓따요우데스

전 국제전화를 사용한 적이 없어요.

私は国際電話を使ったことがないです。

와타시와 고꾸사이덴와오 쯔캇타코토가 나이데스

다시 한번 확인해 주세요.

もう一度確認してください。

모우 이치도 카꾸닝시테 구다사이

In the Hotel

문제가 생겼을 때

열쇠를 방에 두고 왔습니다.

かぎをへやにわすれて來ました。

카기오헤야니 와스레마시따

불이 안 켜져요.

電気がつけられません。

뎅끼가 츠케라레마생

욕실의 물이 빠지지 않아요.

浴室の水が抜けません。

요쿠시츠노 미즈가 누케마생

화장실의 물이 멈추지 않네요.

トイレの水が止めないです。

토이레노 미즈가 토메나이데스

샤워에서 더운 물이 나오지 않아요.

シャワーからお湯が出ないです。

샤와-까라 오유가 데나이데스

열쇠를 잃어버렸어요.

鍵を忘れてしまいました。

카기오 와스레테 시마이마시따

옆방 사람들이 너무 시끄럽게 떠들어요.

隣の部屋の人達がとてもうるさいです。

도나리노 헤야노 히도타찌가 도떼모우루사이데스

냉방이 안 돼요.

冷房が利かないです。

레이보우가 키카나이데스

난방이 안 돼요.

暖房が利かないです。

단보우가 키카나이데스

의사를 불러주세요.

医者を呼んでください。

이샤오 욘데 구다사이

창문이 안 열려요.

窓が開けられません。

마도니 아케라레미생

04

교통

Transportation

교통시설

※ 일본의 교통시설

일본항공(JAL), 전일공(ANA), 일본에어시스템(JAS)을 비롯한 여러 항공사가 전국에 걸쳐 광범위하게 노선을 운항하고 있다.

■ 장거리 열차

장거리 열차가 일본 전역을 편리하게 연결하고 있다. 일본 장거리 여행 시에 필요한 교통수단이다. 1회 정도 열차 이동 시에는 열차표를 구입하여 사용하면 되겠지만, 장거리 열차를 2회 이상 탑승 계획이 있거나 장기간(6일 이상-큐슈지역은 5일 이상 시) 여행 계획이 있는 여행자는 JR패스 교환권(큐슈는 큐슈 레일 패스)을 한국에서 구입한 후 일본에서 JR패스로 교환해 사용하는 것이 상당히 경제적이다.

🔈 **이용방법**: 1일 유효권을 5회분(1인 1일 X5회) 세트로 판매한다. 한 사람이 연속으로 5일간 사용하거나. 하루 씩 사용하거나, 몇 사람이 동시에 사용할 수도 있다. 주하치(18)열차표의 하루분은, 0시부터 다음날 0시를 넘어 최초의 정차역까지이다. 타고 내리는 것은 자유이며 내리고 싶은데서 몇 번이라도 도중하차가 가능하다. 단, JR의 침대차, 신칸센, 특급, 급행 및 JR 이외는 승차할 수 없다.

◀)) **판매소:** JR미도리노 마도구치(녹색창구) / 요금 : 11,500엔

■ JR버스

도쿄와 다른 주요 도시 간에 장거리 버스를 운행하고있다. 때로는 교통 체증으로 인해 소요시간이 길어지기도 하지만, 요금은 신칸센 열차보다 저렴하다. 관서, 도호쿠 지역으로 이동할 계획이 있는 여행자는 야간 버스를 이용하면 숙박료를 절약할 수 있어 경제적이다. JR패스 소지자는 JR버스 이용도 가능하기 때문에 도쿄를 중심으로 간사이, 도호쿠 지역으로 여행계획이 있는 경우 이용하면 편리하다.

■ 렌터카

시내 관광을 위해 차량을 빌리는 것은 교통혼잡이 심하기 때문에 효율적이지 않다. 그리 혼잡하지 않은 지역에서의 렌터카 이용은 생각해 볼 만하다. 차량은 좌측통행이며, 사전에 영문 도로표시가 없을 경우를 대비하여 미리 도로를 파악해 두고 목적지를 정해 놓고 운전하는 것이 좋다. 일본에서 렌터카 이용시에는 사전에 국내에서 국제 운전면허증을 발급받아야 한다.

■ 택시

요금이 비싸지만 시내에서는 택시가 편리하다. 택시를 잡으려면 택

교통시설

시의 전면 유리창 우측 하단의 빨간색 라이트가 켜져 있는지 확인한다. 다른 색이면 승차중이거나 예약된 차이다. 승차는 좌측 뒷문으로 하며, 이 문은 운전사가 자동으로 여닫는다. 팁은 일상화되어 있지 않기 때문에 미터기의 요금만 지불하면 된다.

■ 시내에서의 전철 및 지하철

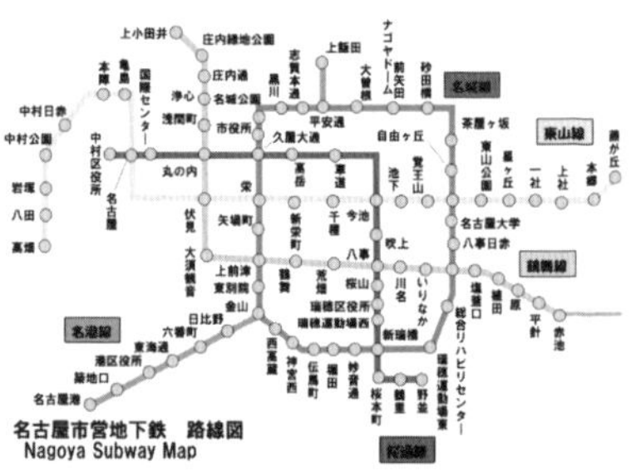

名古屋市営地下鉄 路線図
Nagoya Subway Map

시내 전철과 지하철을 이용하려면 자동판매기나 매표창구에서 표를 구입한다. 목적지에 도착하면 표를 되돌려줘야 하므로 함부로 버리지 말 것! 영어로 된 요금표가 없는 경우에는 자판기에서 가장 싼 표를 구입하고, 목적지에 도착하여 개찰구를 나오기 전에 정산소에서 차액을 지불한다. 모든 JR전철과 지하철은 플랫폼 표지판에 각 역의 명칭이 일본어와 영어로 표기되어 있다. 해당하는 역명은 표지판 중앙에 크게 표기되어 있고, 전후 역명은 하단부 혹은 양쪽에 표기되어 있다. 각 도시의 지역 교통편은 여행자들을 위하여 1일 자유이용 패스가 있으니 이것을 이용하는 것이 경제적이다.

■ 시내버스

주요 도시는 편리한 시내버스 노선을 갖추고 있으나 정류장에는 영어 표시가 되어 있지 않다. 또한 노선이 일본인조차도 이해하지 못할 정도로 복잡한 경우도 있다. 그러나 교토(1일 자유이용권 500엔)는 예외적으로 버스노선이 편리하며 영어로 안내방송을 실시하고 있다. 버스표에는 승차한 요금지역을 표시하는 숫자가 찍혀있다. 버스 앞 부분에 있는 요금 표시판에 해당요금이 표시된다. 하차할 때 버스 운전사 옆에 있는 요금함에 요금을 넣는다.

■ 재팬 레일 패스

JR(일본 철도) 그룹이 발행하고 있는 제팬 레일 패스는 여행자에게 있어 편리하고 유용한 패스이다. 이 패스는 JR과 관련된 버스 노선 및 페리호를 거의 제한없이 이용할 수 있다. 단, 신간센, 신형특급 노조미는 이용할 수 없다.

제팬 레일 패스는 외국인 여행자를 위한 패스로 일본 구내의 여행대리점 등을 통해서 패스 교환증을 입국 전에 구입하지 않으면 안 된다. 일본 입국시에 여권에 일시 체재자의 스탬프를 받은 여행자만이 국내의 지정된 장소에서 사전에 구입한 패스 교환증과 여권을 제시함으로써 제팬 레일 패스를 교부 받을 수 있다.

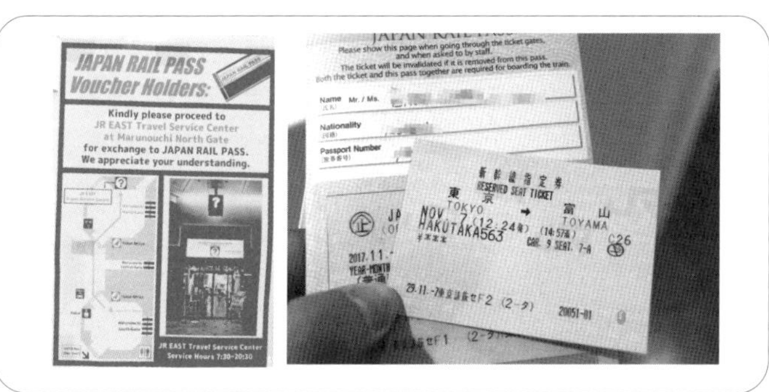

교통에 관련된 단어

버스	バス	바스
기차	列車	렛샤
지하철	地下鉄	치까데쯔
역	駅(えき)	에끼
입구	入口	이리구찌
출구	出口	데구찌
편도 차표	片道切符	가따미찌깁뿌
왕복 차표	往復切符	오-휴꾸깁뿌
차표	切符	깁뿌
플랫폼	プラットホ-ム	프랏토호-무
환불	払い戻し	하라이모도시
침대차	寝台車	신다이샤
식당차	食堂車	쇼꾸도-샤
특급열차	特急列車	독뀨-렛샤
지정석	指定席	시떼세끼
대합실	待合室	마찌아이쯔
야간열차	夜間列車	야칸렛샤
금연석	禁煙席	킹엥세끼
흡연석	喫煙席	기쯔엔세끼

철도	鉄道	데츠도-
도중하차	途中下車	토츄우 게샤
환불	はらいもどし	하라이모도시
침대 위칸	ベッドの後の間	벳도노 아토노 칸
침대 아래칸	ベッドの下の間	벳도노 시타노 칸
차장	次長	치쵸우
급행요금	急行料金	큐-코-료-킹
~선	~線	~센
~행	~行	~코우
타는 곳	乗り場	노리바
갈아타기	乗り換える	노리카에루
버스 터미널	バスタ-ミナル	바스 타미나루
회수권	回数券	카이스-켄
정류장	停留場	테이류-죠
세워주세요	立ててください	타떼데 구다사이
짐	荷物	니모츠
거스름돈	お釣り	오츠리
택시	タクシ-	타쿠시

MEMO

Transportation

거리에서

~는 어디에 있습니까?

~はとこへありますか?

~와 도코에 아리마스까

이 근처에 ~가 있습니까?

このへんには( )がありますか?

고노헨니와 ~가 아리마스까

~에는 어떻게 가면 됩니까?

~にはどのようにいきますか?

~니와 도노요우니 이끼마스까

여기는 어디입니까?

ここはとこですか?

고고와 도코데스까

~은 어디입니까?

~はどこですか?

~와 도코데스카

거기 가려면 어떻게 합니까?

あそこに行くためはどうしますか?

아소꼬니 이꾸다메니와 도우시마스까

여기는 어딥니까?

ここはどこですか?

고고와 도꼬데스까

약국은 어디입니까?

やっきょくはどこですか?

약쿄쿠와 도코데스까

어느 정도 걸립니까?(시간)

どのぐらいかかりますか?

도노구라이가카리마스까

화장실은 어딥니까?

トイレはどこですか?

토이레와 도꼬데스까

힐튼호텔 가는 길 좀 알려 주시겠습니까?

ヒルトンホテルまで行く道を教えてくださいませんか?

히르몬호테루마데 이꾸 미찌오 오시에때구다사이미셍까

Transportation

버스 타기

~까지 얼마입니까?

~までいくらですか?

~마데 이쿠라데스카

다음 정거장이 ~입니까?

次の駅は~ですか?

쓰기노 에키와 ~데스카

어디에서 내립니까?

どこで降りるのですか?

도코데 오리루노데스카

이 버스는 ~에 섭니까?

このバスは~に止まりますか?

고노 바스와 ~니 도마리마스카

도착하면 가르쳐 주세요.

到着すれば教えてください。

도짜쿠스레바 오시에테구다사이

(지명)**까지**

(地名)まで。

찌매이마데

기다려주세요.

お待さしてください。

오마찌시테쿠다사이

버스 타는 곳이 어디죠?

バス停留場はどこですか。

바스테이루이죠우와 도코데스까

언제 출발합니까?

いつ出発しますか?

이츠 슛파츠시마스까

여기가 제가 내려야 할 곳입니까?

ここが私が降りなければならない所ですか?

코코가 와타시가 오리나케레바 냐라나이 도코로데스까

버스가 몇 분에 한 대씩 있나요?

バスが何分に1台ずつあるんですか?

바스가 난분니 이치다이즈츠 아룬데스까

Transportation
택시 타기

이곳은 어디입니까?

ここはどこですか?

고코와 도코데스카

얼마나 걸립니까?

どのぐらいかかりますか?

도노 구라이 가카리마스카

저기 건물 앞에 세워주세요.

あそこの建物の前で止めてください。

아소꼬노 다테모노노 마에데 도메테구다사이

도중에 내릴 수 있습니까?

途中に降りることができますか?

도츄-니 오리루 고토가 데키마스까

거스름돈을 덜 주셨어요.

お釣りが足りないです。

오쓰리가 다리나이데스

잔돈은 그냥 가지세요.

お釣りは大丈夫です。

오쯔리와 다이죠-부데스

서둘러주세요.
急いでください。
이소이데 구다사이

지금 어디를 지나고 있습니까?
今、何処を通っていきますか。
이마 도코오토옷때이마스까

시청 가려면 어디서 내리죠?
市役所に行きたいですが、何処で降りますか。
시야쿠쇼니 이키타이데스가 도코데 오리마스까

(주소를 보여주며)이 곳을 아시나요?
(住所を見せてくれて)こちらをご存じですか?
(쥬-쇼오 미세테 쿠레테) 고치라오 고존지데스까

왜 미터기의 요금이 다른가요?
どうしてメ-タ-器の料金が違うんでしょうか?
도우시테 메-타-키노 료-킹가 찌가운데쇼우까

이 곳에서 세워주세요.
こちらで立ててください。
고치라데 다떼테 구다사이

잠깐 기다려 주실 수 있으세요?
ちょっと待っていただけますか?
좃또 맛테 이타다케마스까

Transportation

렌터카

차는 어디서 빌립니까?

車はどこで借りられますか?

구루마와 도코데 카리라레마스까

차를 한 대 빌릴 수 있을까요?

車1台を借りることができますか?

구루마 이찌다이오 카리루 고토가데키마스까

보험은 들어 있습니까?

保険に入っておりますか?

호켕니 하잇테 오리마스까

밴을 빌리고 싶어요.

バンが借りたいです。

반가 카리타이데스

소형차를 원합니다.

小型の車が借りたいです。

고가타노 구루마가 가리타이데스

저 차로 선택하겠어요.

あの車にします。

아노 구루마니시마스

임대 요금은 얼마입니까?

レンタルの料金はいくらですか?

렌타르노 료우낑와 이쿠라데스까

3일 동안 쓸 겁니다. 하루에 요금이 얼마나 되나요?

三日間使います。一日におい くらですか?

산니찌깡 쯔까이마스 이찌니찌니 오이쿠라데스까

하루에 1,000엔 되겠습니다.

一日に1,000円でございます。

이찌니찌니 센엔데 고자이마스

오토매틱으로 주세요.

オ-トマチックでください。

오-토마치쿠데 구다사이

휘발유는 들어있나요?

ガソリンは入っていますか?

가소린와 하잇테 이마스까

가까운 곳에 주유소가 어디에 있습니까?

近くにガソリンスタンドがどこにありますか?

치카꾸니 가소린 스탄도가 도코니 아리마스까

Transportation

지하철 타기

매표소는 어디예요?

切符売り口はどこですか?

킷테우리구찌와 도코데스까

이 부근에 지하철역이 있습니까?

この辺に地下鉄の駅はありますか?

고노 헨니 지카테쓰노 에키와 아리마스카

(지명)**에서 내리고 싶은데요.**

(　　)に降りたいですが。

(　　)니 오리다이데스가

역까지는 어느 정도 걸립니까?

えきまでどのぐらいかかりますか?

에끼마데 도노 구라이 가카리마스카

이 전철이 ~로 갑니까?

この電車は~へ行きますか?

고노 덴샤와 ~에 이키마스카

(교통수단)**은/는 ~에 갑니까?**

(　)は(　)へ行きますか?

(　　)와 (　　)에 이키마스까

가까운 전철역은 어디입니까?

近くの電鉄駅はどこですか?

시카구노 덴테쯔에키와 도코데스카

대인 두 장 주세요.

大人、二枚ください。

오토나니마이 구다사이

소인 두 장 주세요.

子供二枚ください。

고도모 니마이구다사이

학생증이 있는데 할인되나요?

学生証があるのに割引されるんですか?

각세-쇼 사아루노니 와니비시사레군데스까

(　　)을 가려면 어디서 갈아타야 하나요?

( )を行こうとすればどこで乗り換えなければならないんですか?

(　　)오 이고우토스레바 도고데 노리카에나게네바 나라나잉데스까

지하철 노선도 한 장 주세요.

地下鉄路線図一枚ください。

치카데스 보센즈 이차마이 구다사이

Transportation

기차 타기

도쿄역에는 어떻게 가나요?

東京駅へ行きたいんですが，どう行けばいいですか?

도쿄역에 이끼따잉데스가 도우 이케바 이이데스까

실례지만, 가장 가까운 역은 어디인가요?

すみません。一番近い駅はどこですか?

스미마셍 이찌방 찌카이 에끼와 도코데스까

긴자선은 어디서 갈아타나요?

銀座線はどこでのり換えますか?

긴자센와 도꼬데 노리까에마스까

몇 분 정도 걸리나요?

何分ぐらいかかりますか?

난뿐구라이 가카리마스까

나고야까지는 요금이 얼마입니까?

名古屋までの料金はいくらですか?

나고야마데 노 료킹와 아쿠라데스카

편도 차표는 얼마입니까?

片道チケットはおいくらですか?

가타미찌 찌켓도와 오이쿠라데스까

돌아올 때 쓰는 표는 언제까지 유효합니까?

帰るとき使うチケットはいつまで有効ですか?

카에루도키 쯔까우 치켓토와 이쯔마데 유-코-데스까

유효기간이 표에 쓰여 있습니다.

有効期間がチケットに書いてあります。

유-코-기간 치켓도니 카이때 아리마스

오사카행 표 한 장 주세요.

大阪行きチケット一枚ください。

오-사카유키 치켓또 이찌마이 구다사이

편도표를 드릴까요?

片道チケットを上げましょうか?

가따미찌 치켓또오 아게마쇼-까

왕복표를 드릴까요?

往復チケットを上げましょうか?

오우후쿠 치켓도오 아게마쇼-까

왕복(편도)으로 주세요.

往復(片道)のものをください。

오우후쿠(카타마씨)노 모노오 구다사이

Transportation
배 타기

승선 시간은 몇 시입니까?

乗船時間は何時ですか?

죠-센지깐와 난지데스까

다음 기항지는 어디입니까?

次の寄港地はどこですか?

쯔기노 키코우찌와 도꼬데스까

이 강 유람선을 타려면 어디로 가야 합니까?

この川の遊覧船に乗るためにはどこへいけばいいですか?

고노카와노 유우란센니 노루타메니와 도코에 이케바 이이데스까

이 강을 따라 10분쯤 내려가십시오.

この川に沿って10分ぐらい下ってください。

고노 카와니 솟때 줏푼구라이 쿠닷대 구다사이

이 강에는 어떤 종류의 유람선 관광이 있나요?

この川にはどんな種類の遊覧船観光がありますか?

고노카와니와 돈나 슈루이노 유우란센 캉코우가 아리마스까

배 위에서 식사를 할 수 있습니까?

船の上で食事ができますか?

후네노 우에데 쇼쿠지가 데키마스까

단거리 관광과 장거리 유람이 있죠.

短距離観光と長距離遊覧があります。

탄쿄리캉코우또 쬬우쿄리 유우랑가 아리마스

단거리 관광표 한 장 사고 싶은데요.

短距離の観光チケット一枚が買いたいです。

탄쿄리노 캉코우치켓또 이찌마이가 카이타이데스

네, 200엔 되겠습니다.

はい、200円でございます。

하이 니햐큐엔데 고자이마스

단거리 관광은 시간이 얼마나 걸리나요?

短距離観光は時間がどのぐらいかかりますか?

탄쿄리캉코우와 지칸가 도노구라이 가까리마스까

어디서 배를 타죠?

船はどこでのりますか?

후네와 도코데 노리마스까

배멀미가 납니다.

ふなよいをもよおします。

후나요이오 모요오시마스

05

식사

Eating Out

01 좋은 레스토랑 찾기
02 예약하기
03 입구에서
04 주문하기
05 계산하기
06 술집에서
07 패스트푸드점에서

식 사

01 일본의 음식

일본 음식은 중국과 우리나라 음식의 영향을 받아 유사한 점이 많이 있으나, 그 속에서도 그들만의 독특한 음식 문화를 발전시켰다. 일본 사람들은 음식을 만들 때 조화를 중요시 하는데, 이것은 그들의 다양한 조리법에도 잘 나타나 있다. 음식과 그 음식을 담는 그릇과의 조화 또한 중요시 여겨 요리 자체를 하나의 예술품으로 만들기도 한다.
일본도 우리나라와 같이 쌀을 주식으로 하고, 야채와 해조류를 많이 사용한다. 일본의 음식 문화가 우리나라나 중국의 것과 뚜렷하게 다른 점은 일본에서는 육식문화가 발달하지 못했다는 점이다.
일본에서 공개적으로 동물의 고기틀 먹기 시작힌 것은 지금으로부터 약 100여 년 전인 메이지(明治) 연대에 이르러서이다. 그러나 일본은 육식문화가 발달하지 못한 대신 콩 소비 중심의 독특한 식생활 문화가 정착되었다. 일본 된장(미소), 낫토, 간장(소유), 두부 등이 그것이다. 일본 식탁의 메뉴는 재료와 조리법이 서로 다른 것들로 구성되는데 즉 맑은 국(스이모노), 날것(나마모노), 구이(야끼모노)에 이어 조림(니모노)이 덧붙여져 일즙삼채(一汁三菜)가 된다. 이는 메뉴를 설정할 때 가장 중요시 되는 것이다.

※ 지역별 음식의 특징

지금은 교통 수단의 발달과 요리 기술의 교류로 그 지역적인 특성이 흐려지고 있지만. 일본 음식은 지리적인 특성에 따라 크게 나누어 관동 음식과 관서 음식으로 나누어 볼 수 있으며 여기에 특색있는 오키나와와 아이누족의 음식을 들 수 있다.
그러나 현재 일본은 옛날부터 전해져 내려오는 일본의 전통 조리법과 외국 문화와의 교류로 들어 온 외국 조리법을 함께 사용하고 있다.

① 관동 음식

관동지방의 음식은 에도(지금의 도쿄)요리로 불린다. 설탕과 진한 간장을 써서 음식의 맛을 진하게 낸다. 따라서 관동지방의 조림은 짭짤하고 형태를 유지하기 어렵고 국물이 거의 없다. 생선초밥 덴뿌라 민물장어, 메밀국수가 대표적인 음식이다.

② 관서 음식

관서지방은 전통적인 일본요리가 발달한 곳으로 교토의 담백한 채소나 건어물 요리와 오사카의 실용적이고 합리적인 생선요리가 주종을 이룬다. 맛깔 나는 음식으로 우리나라에서 전라도 음식을 꼽듯이 일본에서는 관서지방의 음식이 유명하다.
음식의 맛은 연하면서 국물이 않고, 재료의 색과 형태를 최대한 살리는특징이 있다.

※ 일식종류

■ 라멘

우리나라의 인스턴트 라면이 아닌 일본의 '라-멘(ラーメン 라면)' 은

각 지방마다 특유의 맛을 자랑할 정도로 종류도 많고 맛도 다양하다. 일본식 된장이나 간장으로 맛을 낸 라면도 있고, 닭 국물을 진하게 우려낸 라면도 있다. 다양한 맛의 국물부터 삶는 면발의 노하우까지 자긍심을 갖고 영업하는 라면집이 많다. 우리가 간식정도로 생각하는 라면과는 달리 일본식 라면은 바쁜 현대인들의 한끼를 톡톡히 해결해주는 맛좋고 영양가 있는 주식인 것이다.

■ 초밥

스시(壽司,すし)는 일본에서 주식으로 먹는 음식인 초밥으로 니기리스시(さかなすし, 생선초밥), 마끼스시(巻き寿司, 김초밥), 지라시스시(さしみあとめし, 회덮밥)등 여러가지 종류가 있다. 예전에는 생선초밥용 생선으로 붕어나 은어를 주로 사용하였지만 요즘에는 도미, 광어, 농어와 같은 흰살생선이나 참치, 연어, 송어와 같은 붉은살 생선, 전복, 피조개, 소라와 같은 조개류, 전갱이, 고등어, 전어와 같은 등푸른 생선, 새우, 오징어, 문어, 연어알 등 다양한 재료를 이용하여 초밥을 만들고 있다.
초밥(스시)을 싸게 먹는 비결은 점심 시간을 이용할 것! 밤에는 3,000엔 정도하는 것도 1,000엔 정도로 먹을 수 있다. 가게 앞의 메뉴에

서 가격을 확인하고 더 싼 것을 원한다면 '회전초밥' 을 이용하는 방법도 있다.

■ 냄비요리

삿포로라고 하며 연어를 사용한 이시가리나베나 염소 고기의 칭기즈칸 요리이다. 히로시마나 센다이의 굴 냄비요리, 닭고기를 사용한 후쿠오카의 미즈타키, 그밖에도 스모 선수의 요리에서 시작된 창코나베, 오뎅 샤브샤브 등 요리 재료의 특징을 살린 맛깔스러움과 볼륨이 풍성한 냄비요리가 많다.

■ 오코노미야키

우리나라의 빈대떡과 흡사, 밀가루 반죽에 양배추와 고기를 넣고, 둥글넓적하게 밀어 구워낸 간편한 음식이다. 히로시마, 오사카, 도쿄의 명물이다.

■ 다코야키

각 지방마다 특색이 있다. 나고야에는 독특한 된장에 돈가스(돼지고기 프라이)를 합친 미소카쓰나 기시멘(납작한 우동)이 있고, 교토에는 맛있는 야채절임이 있다. 중국요리가 먹고 싶다면 요코하마의 차이나타운이나 고베의 난킹마치가 적격이다.

■ 포장마차

도쿄나 오사카에서는 이동식 소형 후쿠오카 나카스에는 규모가 큰 포장마차가 있다. 생선, 물고기, 튀김, 라면 등 메뉴도 다양하다.

식사에 관련된 단어

한국 식당	韓国食堂	강꼬구쇼꾸
일본 식당	日本食堂	니혼쇼꾸
커피숍	コ-ヒショップ	고히숍
소고기	ぎゅうにく	규-니꾸
돼지고기	ぶたにく	부다니꾸
닭고기	とりにく	도리니쿠
덮밥	どんぶり	돈부리
라면	ラ-メン	라멘
모밀국수	そば	소바
회	さしみ	사시미
도시락	べんとう	벤또
초밥	すし	스시
후식	デザ-ト	데자토
생수	なま-みず	나마미즈
커피	コ-ヒ-	코-히
위스키	ウイスキ-	우이스키
포도주	葡萄酒	부도슈
칵테일	カクテル	가쿠테루
맥주	ビ-ル	비루
정종	にほんしゅ	니혼슈
과일	くだもの	쿠다모노
생선	さかな	사까나

식사

식 사

청구서	請求書	세-뀨-쇼
신문	新聞	신붕
영수증	領収証	료우슈우쇼-
서비스료	サ-ビス料	사-비스료
주문하다	注文する	쭈-몽스루
간장	しょうゆ	쇼-우
소금	しお	시오
안주	おつまみ	오쯔마미
밥	ごはん	고항
우동	うどん	우동
빵	パン	팡
버터	バタ-	바타-
잼	ジャム	쟈무
소주	焼酒	쇼-쭈
참치	まぐろ	마구로
연어	さけ	사께
오징어	いか	이까
굴밥	かきめし	가끼메시
야채	野菜	야사이
오이	キュウリ	큐-리
마늘	ニンニク	닌니꾸
양파	タマネギ	다마네기

MEMO

Eating Out

좋은 레스토랑 찾기

이 근처에 불고기집이 있나요?

この周辺に焼き肉やさんがありますか?

고노 슈-행니 야키니꾸야상가 아리마스까

전통음식점 하나 소개해 주시겠어요?

伝統飲食店を一つ紹介してくださいませんか?

덴토-인쇼구탱오 히도스 쇼-카이시테 구다사이마셍까

이 부근에 좋은 식당 하나를 소개해 주시겠습니까?

この近所に良い食堂を紹介してくださいませんか?

고노 긴쇼니 요이 쇼쿠도-오 쇼ー카이 시테 쿠다사이마셍까

예약을 해야 하나요?

予約をしなければいけませんか?

요야쿠오 시나케레바 이케마셍까

예, 저쪽 편에 하나 있습니다.

はい、あそこにひとつあります。

하이 아소꼬니 히도쓰아리마스

거기는 어떻게 갑니까?

あそこはどのように行けばいいですか?

아소꼬와 도노요우니 이께바이이데스까

그 식당은 정장을 해야 하나요?

そのレストランでは正装をしなければならないですか。

소노 레스토랑데와 세이소-오 시나케레바 나라나이데스까

네, 그렇습니다.

はい、そうです。

하이 소우데스

아니오, 정장이 아니어도 상관없습니다.

いいえ、正装しなくてもかまいません。

이이에 세이소우시나쿠때모 카마이마셍

간단한 우동이 먹고 싶어요.

簡?なうどんが食べたいです。

칸딴나 우돈가 타베다이데스

배가 고파요. 식사하러 가요.

お腹がすいています。食事しに行きましょう。

오나카가 스이테 이마스 쇼쿠지시니 이기마쇼우

이 근처에 편의점이 있나요?

この近くにコンビニがありますか?

코노 치카꾸니 콘비니가 아리마스까

Eating Out

예약하기

7시에 3인용 좌석을 예약하고 싶은데요.

7時に3人用座席が予約したいですが。

고노 슈-행니 야키니꾸야상가 아리마스까

세 분요. 성함을 말씀해 주시겠어요?

三人様ですね。お名前をおっしゃってください。

덴토-인쇼구탱오 히도스 쇼-카이시테 구다사이마셍까

길동입니다. 가능하면 무대 근처로 자리를 부탁합니다.

ギルドンです。できれば，舞台近くで席をお願いします。

길동데스 데키레바 부따이 찌카쿠데 세키오 오네가이시마스

저녁 7시로 예약을 하고 싶은데요.

夕方7時で予約がしたいですが。

유-가타시치지데 요야쿠가 시타이데스가

몇 분이시죠?

何名さまですか?

난메이사마데스까

일행이 4명입니다.

同勢は四人です。

도우재이와 요닝데스

식사

연락처는 어디입니까?

連絡先はどうなりますか?

렌라구사키와 도우 나리마스까

캐피탈 호텔 205호 입니다.

ケピタル・ホテルの205号室です。

케피타루 호테무노 니햐쿠고 고우시쯔데스

흡연석으로 주세요.

喫煙席でください。

키스엔세키데 구다사이

금연석으로 주세요.

禁煙席でください。

킹엔세키데 구다사이

몇 시까지 영업하나요?

何時まで営業しますか?

난지마데 에-교-시마스까

Eating Out
입구에서

식사

어서 오십시오.

いらっしゃいませ。

이랏샤이마세

세 명입니다.

三人です。

산닝데스

이리로 오시지요. 마음에 드십니까?

どうぞ、気に入りましょうか?

도우조 키니 이리마쇼우까

예, 좋군요. 감사합니다.

はい、いいです。ありがとうございます。

하이 이이데 스 아리가토우고자이마스

7시에 예약을 했는데요. 제 이름은 '송'입니다.

7時に予約をしましたが、私の名前はソンです。

시찌지니 요야쿠오 시마시따가 와따시노 나마에와 송데스

예약하지 않았습니다.

予約しませんでした。

요야쿠 시마생데시다

아니오. 그렇지만 세 사람이 앉을 자리가 있습니까?

いいえ、しかし3人が座られる席がありますか?

이이에 시카시 산닝가 스와라레루 세키가 아리마스까

알겠습니다. 몇 분만 기다리시면 됩니다.

わかりました。ちょっと待ってください。

와까리마시따 춋또 맛떼 구다사이마셍까

지금은 빈자리가 없습니다.

今は 空席がありません。

이마와 쿠우세끼가 아리마생

의자 하나 더 주세요.

椅子もう一つください。

이스 모우 이치 구다사이

창가 쪽의 자리로 주세요.

窓べの方の席でください。

마도노 카타노 세키데 구다사이

룸이 있나요?

ルームがありますか?

루무가 아리마스까

Eating Out
주문하기

식사

메뉴를 보여주십시오.

メニュ-を見せてください。

메뉴-오 미세테 구다사이

영어 메뉴판은 있습니까?

英語のメニューはありませんか?

에이고노 메뉴와 아리마생까

포크 / 스푼 / 나이프를 주세요.

フォーク/スプーン/ナイフをください。

호-크 / 스푼 /나이후 오 구다사이

주문하시겠습니까?

ご注文なさいますか?

고쥬몬 나사이마스까

맥주 한 병 주세요.

ビル一本ください。

비루 잇뽕 구다사이

매운 것은 무엇이 있습니까?

からいものはなにがありますか?

카라이 모노와 나니가 아리마스까

식사

잘 먹겠습니다.

いただきます。

이타다키마스

네, 여기 있습니다.

はい、どうぞ。

하이 도-조

맛은 어떻습니까?

味はいかがですか?

아지와 이까가데스까

맛있습니다.

おいしいです。

오이시이데스

계산해 주십시오.

計算をお願いします。

게이산오 오네가이시마스

모두 얼마입니까?

ぜんぶでいくらですか?

젠부데 이꾸라데스까

소비세 포함 3,000엔입니다.

消費税こみで3000えんです。

쇼우히제코미데 산젠엔데스

냉수 주세요.

お水おねがいします。

오미즈 오네가이시마스

온수 주세요.

お湯おねがいします。

오유 오네가이시마스

잘 먹었습니다.

ごちそうさまでした。

고찌소우사마데시따

이 요리의 재료는 무엇입니까?

この料理の材料は何ですか?

코노 료-리노 자이료와 난데스까

고추장 있습니까?

コチュジャンありますか?

고추장 아리마스까

김치 있습니까?

キムチありますか?

키무치 아리마스까

차 한 잔 더 주세요.

お茶もう一杯ください。

오짜 모우 잇빠이 구다사이

05

Eating Out

계산하기

식사

계산서를 주십시오.

計算書をお願いします。

게이산쇼오 오네가이시마스

여기 있습니다.

どうぞ。

도-조

모두 얼마입니까?

全部でいくらですか。

젠부데 이꾸라데스까

이 카드로 계산할 수 있나요?

このカードでできますか。

고노 카-도데 하라우고토가 데키마스까

여행자 수표도 되나요?

旅行者の小切手もできますか。

료코우샤노 코깃떼모 데키마스까

영수증을 주십시오.

領収証をください。

료슈-쇼오 쿠다사이

거스름돈이 틀립니다.

お釣りが違います。

오쯔리가 찌가이마스

각자 지불합시다.

わりかんにしましょう。

와리깡니 시마쇼-

계산은 제가 하겠습니다.

お勘定は私が払います。

오칸죠-와 와따시가 하라이마스

봉사료가 포함된 것인가요?

サービス料が含まれているんですか?

사비스료우가 후쿠마레테 아룬데스까?

이쑤시개 있나요?

楊枝がありますか?

요-지가 아리마스까

식사

06 Eating Out

술집에서

포도주 한 잔 주세요.

ワイン、一杯下さい。

와인 잇파이 구다사이

스카치 위스키와 물을 주세요.

スコッチウィスキーと水をください。

스콧지위스키-또 미즈오 구다사이

카운터에 빈자리가 있어요?

カウンターに空席がありますか?

카운타-니 쿠—세키가 아리마스까

한국인들은 술잔을 돌립니다.

韓国人たちは盃を回します。

캉코쿠진타치와 사카즈끼오 마와시마스

포도주 한 병 주세요.

ワイン、一本ください。

와인-잇퐁구다사이

알코올이 없는 칵테일이 어느 것 입니까?

アルコールのないカクテルはどれですか?

르코-르노 나이 카쿠테루와 도레데스까

Eating Out

패스트푸드점에서

가지고 갈 햄버거를 2개 포장해 주세요.

持ち帰るハンバーガを2つください。

모치카에루 함바-가오 후다쯔 구다사이

이 그림의 세트로 주세요.

この絵のセットでお願いします。

고노 에노 셋토데 오네가이시마스

진한 커피 주세요.

濃いコ-ヒ-をください。

코이 코-히-오 구다사이

리필이 됩니까?

おかわりができますか?

오카와리가 데키마스까

카페 라테(카푸치노) 한 잔 주세요.

カペラテ(かプッチーノ)一杯ください。

카페라테(카풋치_노)잇파이구다사이

빨대는 어디 있습니까?

ストロ-はどちらにありますか?

스토로-와 도찌라니 아리마스까

식사

휴지통은 어디 있습니까?

ゴミ箱はどちらにありますか?

고미바코와 도치라니 아리마스까

햄버거 하나와 콜라 작은 것 하나 주십시오.

ハンバーガー一個，コーラースモール一杯ください。

함바-가 잇코 코-라- 스모-루 잇파이 구다사이

여기서 먹고 갈 겁니다.

ここで食べて行きます。

고꼬데 타베테 이키마스

얼마입니까?

おいくらですか?

오이쿠라데스까

06

관광

Sightseeing

01 관광 안내소 이용하기
02 시내 관광
03 사진찍기
04 박물관, 미술관
05 미장원에서
06 이발소에서
07 영화관, 공연장
08 스포츠 관람
09 파친코, 가라오케

관 광

01 일본개요

※ 지리

일본은 아시아 대륙 동단의 북태평양에 위치하고 있다. 일본 국토의 면적은 377,873㎢로 4개의 섬으로 이루어져 있으며, 그 주위에 4,000개 이상의 작은 섬이 있다.
독일과 스위스를 합한 면적과 거의 동일하며, 미국의 캘리포니아주보다는 약간 좁은 정도의 면적이다. 4개 섬의 크기는 아래와 같다.

섬 이름	위치/면적
홋가이도(北海道)	북단에 위치한 섬/83,000㎢
혼슈(本州)	본도/231,000㎢
시코쿠(四國)	제일 작은 섬/19,000㎢
규슈(力州)	남단에 위치한 섬/42,000㎢

일본의 지리적인 특징은 변화가 다양한 해안, 화산이 많은 산악, 깊이 패인 협곡 등을 들 수 있으며 세계에서도 일본은 한 번쯤 가보고 싶은 나라의 하나로 손꼽히는 이유도 여기에 있다고 할 수 있다.

※ 인구

일본의 인구는 1억 2,600만명을 넘어서고 있다. 대부분은 도시의 인구 밀집 지역에 거주하고 있다. 수도는 도쿄(東京)로, 인구는 1,200만명이다.

도시명	인구수(명)	도시명	인구수(명)
도쿄(東京)	12,059,000명	고베(神戸)	1,493,000명
요코하마(横浜)	3,426,000명	후쿠오카(埼玉)	1,290,000명
오사카(大阪)	2,598,000명	사이타마(大阪)	1,023,000명
나고야(名古屋)	2,171,000명	센다이(仙台)	1,008,000영
삿포로(札幌)	1,822,000명		

※ 언어

공용어는 일본어뿐이지만 대부분의 일본인은 의무교육 기간 중에 영어를 배우고 있다. 영어라면 천천히 그리고 정확히 말하면 의사소통이 가능한 경우가 많다. 전하고 싶은 말을 종이에 적어 보이면 더욱 전달하기 쉽다.

02 여행자 안내센터(TIC)

외국인 여행자를 위한 종합관광안내소인 여행자 안내센터는 관광에 관한 다양한 안내와 각종 팜플렛, 지도 등이 있다.

관광에 관련된 단어

관광 안내소	観光案内所	강꼬-안나이쇼와
명소	名所	메-쇼
사적	史蹟	시세끼
유적	遺蹟	이세끼
박물관	博物館	하꾸부쯔깡
미술관	美術館	비쥬쯔깡
식물원	植物園	쇼꾸부쯔엥
동물원	動物園	도-부쯔엥
성	城	시로
공원	公園	고-엥
수족관	水族館	스이조꾸깡
유원지	遊園地	유-엔찌
유람선	遊覧船	유-란생
온천	温泉	온셍
입장료	入場料	뉴-조-료
여행사	旅行社	료꼬샤
팜플렛	パンフレット	팜후렛또
통역	通訳	쯔야꾸
예약	予約	요야꾸
필름	フィルム	휘루무

Sightseeing

관광 안내소 이용하기

관광 안내소는 어디에 있습니까?

観光案内所はどこですか?

캉코우 안나이죠와 도코데스까

관광 안내서는 있습니까?

観光案内書はありますか?

캉코우안나이쇼와 아리마스까

이 도시의 지도를 얻고 싶습니다.

この都市の地図を得たいです。

고노 토시데노 찌즈오 에타이데스

이 도시에서는 무엇을 보면 좋습니까?

この都市では何を見ればいいですか?

고노 토시데와 나니오 미레바 이이데스까

첫 방문입니다.

初めての訪問です。

하지메테노 호-몽데스

한국말을 하는 가이드가 있는 관광이 있습니까?

韓国語ができるガイドさんのついている観光はありますか?

캉코쿠고가 데끼루 가이도상노 츠이떼이루 칸코-와 아리마스까

사적지가 있습니까?

史跡地がありますか?

시세키찌가 아리마스까

이 성에서는 가이드의 안내가 있습니까?

この城にはガイドさんの案内がありますか?

고노 시로니와 가이도상노 안나이가 아리마스까

가이드를 고용할 수 있습니까?

ガイドさんを雇うことができますか?

가이도상오 야토우고토가 데키마스까

동경 최대의 번화가 '신주쿠'

신주쿠는 쇼핑과 유흥의 거리이며, 일본 대중 유흥문화의 산지이다. 대형 백화점과 면세제품을 살 수 있고 작은 소극장도 많이 볼 수 있다. 신주쿠는 히가시(동쪽)신주쿠와 니시(서쪽)신주쿠로 나뉘는데. 히가시신주쿠는 젊음과 쇼핑의 거리라면. 니시신주쿠는 대형 빌딩이 들어서있는 오피스거리이다.

신주쿠역에는 철도·지하철의 총 7개 노선과 많은 버스 노선이 집중하여 일본 재일의 교통량을 기록하는 대(大)터미널이 형성되며, 주변 일대에 도쿄 최대의 부도심(副都心)을 발달시키고 있다. 역을 중심으로 동쪽에는 이세탄([伊勢丹)·미쓰코시(三越)를 비롯한 백화점, 고급전문점, 레스토랑들이 밀집하고, 북쪽에는 극장·영화관·카바레·오락장 등이 늘어서 환락가를 이룬다.

Sightseeing

시내 관광

시내 관광은 있습니까?

市内観光はありますか?

시나이캉코우와 아리마스까

도쿄 시내를 관광하고 싶습니다.

東京市内が観光したいです。

토-쿄-시나이가 캉코우시타이데스

언제 출발합니까?

いつ、出発しますか?

이쯔 슛파츠시마스까

어떠한 관광이 있습니까?

どんな観光がありますか?

돈나 캉코우가 아리마스까

오전 하루 코스가 있습니까?

午前、一日のコースがありますか?

고젠 이찌니찌노 코-스가 아리마스까

일 인당 얼마입니까?

一人あたりおいくらですか?

히토리아타리 오이쿠라데스까

4,000엔입니다.

4,000円でございます。

욘센엔데 고자이마스

야간 시내 관광도 있습니까?

夜間市内観光もありますか?

야칸시나이강코우모 아리마스까

도코 시내 관광버스가 있습니까?

東京観光バスがありますか?

토-쿄-캉코우바스가 아리마스까

구경할만한 곳을 알려주세요.

見物するに値する所をお知らせ下さい。

렌부츠스루니 아타이스루 도코로오 오시라세 구다사이

쇼핑센터에 가고 싶어요.

ショッピングセンタ-に行きたいです。

숏핑그센타니 이키다이데스

이 근처에 벼룩시장이 있나요?

この近くにフリ-マケットがありますか?

코노 치가꾸니 후리마켓토가 아리마스까

번화가로 가고 싶어요.

繁華街に行きたいです。

한카가이니 이키다이데스

관광

Sightseeing

사진찍기

사진 한 장 찍어주시겠습니까?

しゃしんをとってくださいませんか?

샤싱오 톳떼 구다사이마센카

여기에서 사진을 찍어도 됩니까?

ここで写真を撮ってもいいですか?

고코데 샤신오 돗테모 이-데스카

플래시를 사용해도 됩니까?

フラッシュをたいてもいいですか?

후랏슈오 다이테모 이-데스카

실례지만 제 사진을 찍어주십시오.

すみませんが私の写真を撮ってください。

스미마센가 와타시노 샤신오 돗테 구다사이

함께 찍으시겠습니까?

一諸に撮りませんか?

잇쏘니 도리마셍까

예, 그러지요.

はい、そうします。

하이 소우시마스

이 버튼만 누르면 됩니다.

このボタンを押したらいいです。

고노 보탕오 오시따라 이이메스

필름 한 통 주세요.

フィルム一個ください。

휘루무- 잇꼬 구다사이

이 카메라에 필름을 넣어주시겠어요?

このカメラにフィルムを入れてくださいませんか?

고노 카메라니 휘루무오 이레때 구다사이마생까

일회용 카메라 있나요?

使い捨てカメラがありますか?

츠카이스테 카메라가 아리마스까

줌인 기능이 어디인가요?

ズ-ムイン機能がどこですか?

즈-무인 키노우가 도코데스까?

가까운 곳에 사진현상소가 있나요?

近くに写真現像所がありますか?

치까쿠니 샤신 겐조우쇼가 아리마스까

Sightseeing

박물관, 미술관

입장료가 얼마예요?

入場料はおいくらですか?

뉴-죠-료와 오이쿠라데스까

1,000엔입니다.

1,000円でございます。

센엔데 고자이마스

한국어로 된 팜플렛이 있습니까?

韓国語のパンフレットがありますか?

캉코쿠노 팝후렛도가 아리마스까

여기에 그림엽서 있어요?

ここに絵葉書がありますか?

코코니 에하가키가 아리마스까

안에서 사진 찍어도 돼요?

中で写真を撮ってもいいですか?

나까데 샤신오 톳떼모 이이데스까

박물관의 지도는 있습니까?

博物館の地図はありますか?

하쿠부츠깡노 찌즈와 아리마스까

Sightseeing

미장원에서

염색해 주세요.

染めてください。

소메테 구다사이

헤어스타일 책이 있으면 보여주세요.

ヘアスタイルの本があったら、見せてください。

헤아스타이루노 홍가 앗따라 미세떼구다사이

이 사진처럼 내 머리 좀 잘라 주실 수 있어요?

わたしの髪もこの写真と同じようにしてください。

와타시노 가미모 고노샤싱도 오나지요우니시테 쿠다사이

요금은 얼마입니까?

料金はいくらですか?

료우킹와 이쿠라데스까

유행하는 머리로 해 주세요.

はやっているヘアスタイルにしてください。

하얏때 이루 헤아스타이루니 시때 구다사이

파마 해주세요.

パ-マにしてください。

파-마니 시떼 구다사이

Sightseeing

이발소에서

이 근처에 이발소가 있는지 말씀해 주세요.

この近くにとこやがあるかおしえてください。

고노찌카쿠니 도코야가 아루까 오시에테구다사이

어떻게 해드릴까요?

どのようにして上げましょうか?

도노요우니 시떼 아게마쇼-까

약간만 쳐주세요.

少しだけ、カットにしてください。

스코시다께 갓토니 시때 구다사이

이발과 면도를 부탁합니다.

散髪とシェ-ビングをお願いします。

산파쯔도 쉐-빙구오 오네가이시마스

얼마입니까?

おいくらですか?

오이쿠라데스까

팁까지 포함된 것입니까?

チップが含まれているのですか?

칫프가 후쿠마레때 이루노데스까

Sightseeing

영화관, 공연장

이 근처에 영화관이 있습니까?

この辺りに映画館がありますか?

고노 아따리니 에이가캉가 아리마스까

이 극장에서는 무슨 영화를 상영 중입니까?

この映画館では何の映画を上映していますか?

고노 에이가강데와 난노 에-가오 죠-에- 시테이마스까

상영시간이 어떻게 되죠?

上映時間はどうなりますか?

죠-에이 지캉와 도우 나리마스까

이 영화는 두 시간 상영입니다.

この映画は2時間上映します。

고노 에이가와 니지강 죠-에-시마스

어른 한 사람에 얼마죠?

大人一人にいくらですか?

오토나 히토리니 이쿠라데스까

학생증이 있는데 할인이 되나요?

学生証がありますが、割引できますか?

각세-쇼-가 아리 마스가 와리비끼 데끼마스까

일본 영화를 보고 싶습니다.

日本映画が見たいです。

니혼에이가가 미타이데스

이 자리 비어 있습니까?

この席は空いていますか?

고노 세키와 아이테이마스까

좌석이 매진되었습니다.

座席が売り切れました。

자세키가 우리기레마시따

좌석 좀 바꿀 수 있겠습니까?

席を変えることができますか?

세끼오 카에루고또가 데끼마스까

팜플렛이 있습니까?

パンフレットがありますか?

판후렛토가 아리마스까

가장 잘 보이는 좌석으로 주세요.

一番ちゃんと見える座席でください。

이치방 짠토 미에무 자세키데 구다사이

오늘 공연은 너무 훌륭했어요.

今日公演はとてもすばらしいです。

쿄우 코우엔와 도테모 스바라시이데스

08 Sightseeing
스포츠 관람

입장료가 얼마예요?

入場料はいくらですか?

뉴-죠-료와 이쿠라데스까

지금 몇 회입니까?

今、何回ですか?

이마 난까이데스까

지금 표를 살 수 있나요?

今、切符を買うことができますか?

이마 킷푸오 카우고또가 데키마스까

가장 싼 자리 한 장 주세요.

一番、安い席で一枚ください。

이찌방 야스이 세키데 이찌마이 구다사이

스모경기장이 어디 있나요?

すもう競技場はどこですか?

스모우 쿄우기죠-와 도코데스까

선수 이름이 무엇입니까?

選手のお名前は何ですか?

센슈노 오나마에와 난데스까

Sightseeing

파친코, 가라오케

파친코를 하고 싶습니다.

スロット・マシンがしたいです。

스롯토 마신가 시타이데스

어떻게 하면 됩니까?

どうすればできますか?

도우스레바 데키마스까

구슬은 어떻게 구합니까?

玉はどう買いますか?

타마와 도우 카이마스까

자동판매기에서 카드를 구입해서 교환하세요.

自動販売機からカードを購入してやり取りしてください。

지도우항바이키까라 카-도오 코-뉴-시떼 야리토리시떼 구다사이

남은 구슬은 어떻게 합니까?

余りの玉はどうしますか?

아마니노 타마와 도우시마스까

가라오케 기계는 어떻게 작동합니까?

カラオケの機械の使い方はどうしますか?

카라오세노 키까이노 쯔까이가따와 도우시마스까

관광

요금이 얼마나 됩니까?

おいくらですか?

오이쿠라 데스까

한국 노래도 있습니까?

韓国歌謡もありますか?

강코쿠카요모 아리마스까

일본의 오락문화 가라오케와 파친코

한국 노래방의 원조격인 가라오케 역시 일본의 국민적 오락거리. 가라오케란 비었다는 뜻의 '가라'와 오케스트라의 줄임말인 '오케'의 일본식 합성어다. 노래 없이 반주만 나온다는 뜻인데 직장동료나 친구들끼리 어울려 놀면서 스트레스를 풀기에 딱 안성맞춤인 오락으로 아예 동호회나 사교모임들을 만들어 노래부르기 그 자체를 목적으로 만나기도 한다.

우리나라에서는 **파친코**를 도박처럼 여겨 그 인식이 상당히 안 좋은 반면, 일본에서는 파친코 영업소가 동네 편의점처럼 자리잡고 있을 만큼 보편화 되어있다. 파친코 영업소는 보통 오전 10시에서 11시 사이에 문을 여는데 영업시간 전부터 좋은 자리를 맡기 위해 줄을 서서 기다리는 모습도 흔치않게 볼 수 있다. 또 아예 생업도 없이 파친코에서 딴 돈으로 하루하루 먹고사는 꾼들도 많다. 게다가 파친코에 정신이 팔려서 아이를 데려왔다가 잃어버리는 엄마들에 대한 기사를 심심찮게 볼 수 있을 정도니까 우리로서는 상상도 하기 힘든 일이지만 일본에서는 그야말로 일상적이 모습들이다.

07

쇼핑

Shopping

01 쇼핑센터 찾기
02 판매장에서
03 옷 가게에서
04 신발 가게에서
05 물건값을 깎을 때
06 계산할 때
07 교환과 환불

쇼 핑

※ 면세점

면세품 쇼핑을 할 때는 반드시 여권을 지참한다. 관세나 주세가 면제되는 면세 쇼핑은 일본 국제공항에서만 가능하다. 도심 쇼핑가에도 공인된 면세점에는 영어를 구사하는 직원들이 있다. 시간적인 여유가 있다면, 최종 결정을 하기 전에 면세점에서의 물건 가격과 할인 판매점 또는 싸게 파는 시장의 가격을 비교해 보는 것도 도움이 될 것이다. 도쿄의 국제 아케이드와 교토의 수공예품 센터에서 몇몇 면세점들을 볼 수 있다. 품목에 따라 그 구입 가격이 10,000엔 이상이 되면, 일본의 '소비세' 10%를 면제받을 수 있다.

※ 쇼핑할 만한 제품

■ **전기기구** - 전기 및 전자제품 구입시 유의할 점! 점원에게 한국에서 사용가능한 물건인지 확인 후 구입한다. 트랜지스터 라디오, 미니 TV세트, CD플레이어, 퍼스널 컴퓨터, VCR, 비디오 카메라, 녹음기, 오디오와 하이파이 장치, 디지털 시계, 라디오 그리고 포켓 사이즈 전자계산기는 일본 어디에서나 판매되고 있다.
일부 품목들은 성능과 정밀도에 있어서 세계적인 명성을 얻고있는 제품들이 있다.

■ **진주** - 진주는 크기, 모양과 색깔에 있어 매우 다양하다. 가격은 진주 모양의 균형 정도, 크기와 광택에 따라 다르다.

■ **카메라 및 광학제품** – 일반 카메라와 무비 카메라 그리고 렌즈 및 악세서리 뿐만 아니라 쌍안경, 현미경 및 망원경에 이르기까지 적당한 가격으로 구입할 수 있다.

■ **시계** – 백화점 뿐만 아니라 유명 호텔의 아케이드나 보석상에서 세이코, 시티즌 등 일류 브랜드의 손목시계와 그 밖의 여러 종류의 시계를 판매하고 있다.

■ **미술품 및 공예품** – 거의 모든 관광지에서 조상 대대로 전해 내려온 독특한 미술품과 공예품을 찾아볼 수 있다. 전통 공예품으로는 장식물 죽제품, 목판화, 칠기공예품, 종이초롱, 접시 화병, 다기 등의 도자기 제품들이 있다.

■ **인형** – 일본 인형은 종류가 매우 다양한데 각각 그 지방의 특색이나 역사적 시대상 등을 잘 나타내고 있다.

■ **접는 부채** – 일본 무용에 사용되는 부채는 그 다채로운 색상과 디자인이 아름답다.

■ **기모노와 오비** – 정교한 염색술과 자수 및 직조를 바탕으로 기모노와 오비가 만들어진다.

■ **실크 제품** – 일본의 실크는 품질이 뛰어나다. 고도의 염색술과 무늬의 전통적 아름다움이 있다.

쇼핑에 관련된 단어

상점가	商店街	쇼-뗑가이
백화점	百貨店	햣카뎅
면세점	免税店	멘제이뗑
토산물점	おみやげ物店	오미야게모노뎅
전기제품점	電気器具店	뎅끼키구뎅
담배가게	タバコ屋	다바코야
슈퍼마켓	スーパーマーケット	스-파 마-켓토
비디오카메라	ビデオカメラ	비데오카메라
화장품	化粧品	케쇼-힌
악세서리	アクセサリー	아쿠세사리
장난감	おもちゃ	오모쨔
핸드백	ハンドバッグ	한도박구
우산	かさ	카사
휴지	ティッシュ	티슈
정가	定価	테까
싼	安い	야스이
비싼	高い	다까이
계산	計算	케-산
얼마	いくら	이꾸라

쇼핑

더 큰	もっと 大きい	못또 오-끼
더 작은	もっと 小さい	못또 찌-사이
꽉 끼는	きつい	끼쯔이
헐렁한	ゆるい	유루이
짧은	短い	미지까이
긴	長い	나가이
네모난	四角い	시까꾸이
둥근	まるい	마루이
가느다란	細い	호소이
굵은	太い	후또이
흰	白い	시로이(색깔)
검은	黒い	쿠로이
빨간	赤い	아까이
노란	黄色い	키이로이
파란	青い	아오이
녹색	緑色(みどりいろ)	미도리이로
갈색	茶色	짜이로
밝은	明るい	아까루이
어두운	暗い	쿠라이
무거운	重い	오모이
가벼운	軽い	카루이

MEMO

Shopping

쇼핑센터 찾기

이 도시에서 가장 큰 백화점은 어디입니까?

この都市で一番大きいデパートはどこですか?

고노 토시데 이치방 오오끼이 대파_토와 도꼬데스까

이 거리에는 상점이 어디쯤 있습니까?

この通りにはどこに商店がありますか?

고노 토오리니와 도꼬니 쇼-텡가 아리마스까

이 거리의 특산품은 무엇입니까?

この町の特産品はなんですか?

고노 마찌노 도쿠산힝와 난데스까

이 근처에 좋은 레코드 가게를 알고 있습니까?

この近くに良いレコードの店を分かっていますか?

코노 찌카쿠니 요이 레코-도노 미세오 와깟테이마스까

면세품 상점이 있습니까?

免税店がありますか?

멘제-뗑가 아리마스까

실례합니다. 완구 매장 좀 알려주세요.

しつれいします。ちょっとおもちゃ屋を知らせてください。

시쯔레-시마스 춋또 오모짜야오 시라세때 구다사이

쇼핑

02 Shopping
판매장에서

이것은 얼마입니까?

これはいくらですか?

고레와 이쿠라데스카

~을 사고 싶습니다.

~が買いたいです。

~ 가 가이타이데스

이것으로 하겠습니다.

これをいただきます。

고레오 이타다키마스

이것은 얼마입니까?

これはいくらですか?

고레와 이꾸라데스까

소비세 포함해서 2,100엔입니다.

消費税こみで二千百円です。

쇼우히재코미데 니센햐꾸엔데스

인형을 보고 싶습니다만,

人形を見たいんですが。

닝교오 미따잉데스가

Shopping

옷 가게에서

다른 색깔도 있습니까?

他の色もありますか?

고노 토시데 이치방 오오끼이 대파_토와 도꼬데스까

다른 색깔도 보여주세요.

他の色も見せて下さい。

고노 토오리니와 도꼬니 쇼-텡가 아리마스까

이 옷을 입어봐도 될까요?

これを着てみてもいいですか?

고노 마찌노 도쿠산힝와 난데스까

옷을 입어(신발, 바지를 신어/모자를 써)**봐도 되나요?**

着て(はいて/かぶって)みてもいいですか?

끼이때(하이떼/카붓데)미데모 이이메스까

이 옷 좀 고칠 수 있습니까?

ちょっと、この服を修繕することができますか?

쪼또 고노 후쿠오 슈—젠스루고또가 데키마스까

옷감은 무엇입니까?

生地は何ですか?

키지와 난데스까

속옷은 어디서 팝니까?

下着はどこで売っていますか?

시다기와 도코데 웃테이마스까

더 밝은 색을 보여주시겠어요?

もっと明るい色を見せてください。

못또 아카루이 이로오 미세떼 구다사이

이것보다 더 작은 것은 없어요?

これより小さい物はありませんか?

고레요리 찌이사이 모노와 아리마생까

탈의실이 어디인가요?

着替え室がどこですか?

키가에시츠가 도코데스까

제 사이즈 좀 재주세요.

私のサイズちょっとはかってください。

와다시오 사이즈 좃또 하갓테 구다사이

Shopping

신발 가게에서

이 구두 신어봐도 됩니까?

この靴ははいてみてもいいですか?

고노 구쯔와 하이데 미데도 이이데스까

저 구두가 얼마죠?

その靴はおいくらですか?

소노구쯔와 오이쿠라데스까

그 구두 사이즈 7이 있나요?

この靴のサイズは7がありますか?

고노 구쯔노 사이스와 나나가 아리마스까

상점 카탈로그를 통해 이 구두 주문할 수 있어요?

商店のカタログで靴が注文できますか?

쇼-땡노 카타로구데 구쯔가 쭈-몽데키마스까

얼마입니까?

いくらですか?

이쿠라데스까

다른 것도 보여주세요.

ほかのものもみせてください。

호까노 모노모 미세때쿠다사이

~가 있습니까?

~がありますか?

~가 아리마스까

~주십시오.

~ください。

~구다사이

구두가 약간 큽니다.

靴がちょっと大きいです。

쿠츠가 춋도 오-키-데스

한 치수 큰 것으로 주세요.

一寸法大きいことでください。

이치 슨뽀우 오-키-코토데 구다사이

해변에서 신을 수 있는 샌들이 있나요?

海辺ではくことができるサンダルがありますか?

우미베데 하쿠코토가 데키루 산다루가 아리마스까

굽이 높은 신발을 보여 주세요.

かかとの高いくつを見せてください。

카카토노 다가이 쿠츠오 마세테 구다사이

Shopping

물건값을 깎을 때

깎아 주시겠습니까?

まけてくれませんか?

마케데 구레마센카

너무 비쌉니다.

高過ぎます。

다카스기마스

비싸군요. 좀 싸게 해 주시겠습니까?

高いですね。ちょっと安くしていただけますか?

다까이데스네. 쪼또 야스꾸시때 이따다께마스까

조금 비싸네요.

すこしたかいですね。

스코시 타카이데스네

조금 더 싼 것으로 보여주세요.

もっとやすいものをみせてください。

못도 야스이 모노오 미세때구다사이

조금 더 싸게 해주세요.

もう少し負けてください。

모우스코시 마케테구다사이

06 Shopping
계산할 때

여행자 수표로 지불할 수 있습니까?

トラベラ-ズチェックで払えますか?

도라베라-즈 책쿠데 하라에마스카

이 신용카드를 사용할 수 있습니까?

このカ-ドが使えますか?

고노 카도가 쓰카에마스카

영수증을 주십시오.

領収証をください。

료슈쇼오 구다사이

비싸지 않습니까?

高くありませんか?

다까꾸 아리마셍까

그럼 이것으로 주세요.

じゃ、これをください。

쟈 고레오 구다사이

선물 할거니까, 포장해 주세요.

お土産ですので、包装して下さい。

오미야게데스노데 호우소우시때 구다사이

한국 돈도 가능합니까?

韓国のお金もできますか?

캉코쿠노 오카네모 데키마스까

카드로 하겠습니다.

カ-ドにします。

카-도니 시마스

이 카드를 사용할 수 있나요?

このカ-ドが使われますか?

고노 카-도가 쯔까와레마스까

거스름돈이 틀립니다.

おつりが違います。

오츠리가 찌가이마스

교환이나 환불은 며칠 이내에 와야 합니까?

交換やはらいもどしは何日以内に来なければなりませんか?

코-칸야 하라이모도시와 난니치 이나이니 코나케레바 나리마센까

배달이 가능한가요?

配達ができましょうか?

하이다츠가 데끼마쇼우까

07 Shopping
교환과 환불

저, 이것 바꿔 주시겠습니까?

あのう、これを交換していただけますか?

아노우 고레오 코우깡시때 이따다께마스까

이것을 반품할 수 있습니까?

これを返品することができますか?

고레오 헨뺑스무고또가 데끼마스까

중간 사이즈는 있습니까?

エムサイズはありますか?

에무사이즈와 아리마스까

라지 사이즈는 있습니까?

エルサイズはありますか?

에루사이즈와 아리마스까

투라지 사이즈는 있습니까?

エルエルサイズはありますか?

에루 에구사이즈와 아리마스까

이것으로 교환하고 싶습니다.

これに交換したいです。

코레니 코-깐시따이데스

08

기타 장소

Post Offices / Bank

Post Offices

우체국에서

우체국을 찾고있어요.

郵便局を探しております。

유-빙쿄쿠오 사가시떼 오리마스

한국까지 항공편 우표 3장을 부탁합니다.

韓国まで航空便の切手3まいをお願いします。

강코쿠마데 코우쿠우빙노 킷떼 산마이오 오네가이시마스

우표는 어디서 삽니까?

切手はどこで買うことができますか?

깃떼와도코데 가우고토가 데키마스까

봉투는 어디서 살 수 있습니까?

封筒はどこで買うことができますか?

후-토-와 도꼬데 카우고토가 데키마스까

이 편지를 한국으로 보내는데 얼마 듭니까?

この手紙を韓国に送るのに、いくらかかりますか?

고노 테가미오 캉코쿠니 오쿠루노니 이쿠라 카카리마스까

90엔입니다.

90円でございます。

큐-쥬-엔데 고자이마스

이 소포를 비행기 편으로 부치고 싶습니다.

この小包を航空便で送りたいです。

고노 코쯔즈미오 코우쿠우빙데 오쿠리타이메스

한국까지 며칠이면 도착합니까?

韓国まで何日かかりますか?

강코쿠마데 난니찌 가까리마스까

소포의 내용물을 써 주세요.

小包の中身を書いてください。

코쯔즈미노 나까미오 카이떼 구다사이

일주일 정도 걸립니다.

一週間くらいかかります。

잇슈-깐구라이 가까리마스

이 소포는 어떤 물건인가요?

この小包みはどんな品物でしょうか?

코노 코즈츠미와 돈나 시나모노데쇼우까?

의류에요.

衣類です。

이루이데스

Banks

은행에서

오늘 환율은 얼마죠?

今日の為替レートはいくらですか?

쿄-노 카와세레-도와 이쿠라데스까

은행 마감 시간이 지났습니다.

銀行の締め切り時間が経ちました。

긴코-노 시메키리지깐가 타찌마시따

여행자 수표를 엔화로 바꾸고 싶어요.

旅行者の小切手を円に両替したいです。

로-코-샤노 코킷테오 엔니 료우가에 시따이데스

현금 자동지급기는 어디 있죠?

現金自動支給機械はどちらにありますか?

겐킨지도우 시큐ー기카이와 도치라니 아리마스까

얼마를 입금시키시겠습니까?

いくらを振り込みますか?

이쿠라오 후리코미마스까

이 수표를 현금으로 바꾸어 주세요.

この小切手を現金にかえてください。

고노 코깃테오 겐킹니 카에테 구다사이

송금을 좀 하고 싶은데요.

送金がしたいですが。

소-킹가 시따이데스가

한국으로 부터의 송금을 기다리고 있습니다.

韓国からの送金を待っています。

캉코구까다노 소-킹오 맛떼이마스

송금 수수료는 얼마입니까?

送金の手数料はいくらですか?

소-킹노 태스-료와 이쿠라데스까

잔돈도 섞어 주세요.

おつりも混ぜてください。

오츠리도 마제테 구다사이

신용카드로 현금서비스 받을 수 있나요?

クレジットカ-ドで現金サ-ビスを受けることができますか?

크레짓토 카도데 겐꼉사비스오 우케루 고토가 대끼마스까

은행 마감시간은 언제인가요?

銀行時間切れはいつでしょうか?

뉴-잉시나케레바 나라나링데스까

MEMO

09

여행SOS

Emergency

01 분실사고

※ 여권 분실

여행 중 여권 분실은 가장 심각한 사고로 여행 중 빈도가 가장 높게 발생한다. 분실된 자신의 여권이 물법적으로 사용될 수도 있고, 국제 미아가 될 수도 있다. 분실에 대비 여권번호를 기억하거나 수첩 가방 등 분실 위험이 적은 곳에 적어 둔다. 가급적 여권은 호텔에 보관하고 다른 증명서를 지참한다. 여권을 분실했을 때는 먼저 분실 지역 경찰서를 찾아가 분실 확인증명서를 발급 받는다. 우리 나라 대사관이나 총영사관을 찾아가 여권 분실 신고를 한다. 대사관이나 총영사관에서 임시 여행증명서(Travel Certificalion)을 받는다.

재발급시 필요한 것은 경찰서 발급 분실 신고서, 일반 여권 재발급 신청서 2부, 면허증이나 주민등록증, 6개월 이내에 찍은 칼라사진 3매, 수수료

※ 소지품 분실

해외여행 중 지갑, 가방 등 소지품 분실은 대부분 자신의 부주의에 의해 생긴다. 분실을 방지하기 위하여 현금을 많이 지참하지 않도록 하고 부득이 하게 현금을 많이 지참했을 때는 호텔의 안전금고(Safety Box)에 보관한다. 관광 여행시에는 지갑 등 소지품은 허리띠 가방(Belt Sack)에 넣고 다닌다. 공항, 기차역, 호텔 로비, 관광지 등은 사고 다발 지역이므로 항상 경계해야 한다.

※ 항공권 분실

항공권을 분실하였다면 발급 항공사의 지점이나 영업소를 찾아가 재발급 신청을 한다. 발권 항공사의 지점(영업소)이 없을 때는 탑승 항공사의 지점을 찾는다.

항공권 분실에 대비 발급 일자, 항공권 번호 등을 적어 둔다.

경우에 따라 재발급시 2~3일. 만약 주일이나 휴일이 겹칠 경우 1주일 가량 소요되기도 한다. 출발 일시가 급한 여행자는 새로 티켓을 구입하고 분실로 사용하지 않은 항공권은 귀국 후 환불받는 방법을 택한다.

※ 여행자 수표와 신용카드의 분실

사인이 되어 있지 않은 여행자 수표(Traveler's Check)나 신용카드(Credil Card)는 습득자가 사용할 수 있다.

고액 수표를 갖고 나가거나 불필요하게 많은 카드를 지참하면 분실의 위험 부담이 크다.

미리 여행자 수표 발급 신청서 사본을 지참한다. 고액 대신 소액권을 발급받는다. 은행창구에서 수령 즉시 소지자란(Holder's)에 여권 사인과 같은 사인을 한다.

카드는 전세계적으로 통용되는 카드 한 두 개만 소지한다. 사고에 대비 수표 번호나 카드 참고 사항을 적어 호텔에 남겨둔다. 분실 시 먼저 국내 카드 발급사에 분실 신고를 하는 것이 가장 빠른 조치다. 다음 현지 카드 가맹은행에 분실 신고를 한다.

※ 해외범죄

세계 각국에서 한국인 여행자들을 대상으로 한 범죄가 늘고 있어 각별한 주의가 요망된다. 한국인 여행자가 해외에서 가장 많이 당하는 범죄는 재산 피해들인데 대부분 1인 또는 2~3인 등에 의해 조직적, 계획적으로 저질러지는 범죄들이다.

※ 약국

일본에서도 우리나라와 같이 병원 처방전이 있어야만 약을 구입할 수 있다. 약값도 비싸므로 미리 상비약을 준비하여 가는 것이 좋다.

TIP

외교부는 외국을 여행하는 국민의 안전을 위해 여행경보, 위기상황별 대처 매뉴얼, 재외공관 연락처 등 각종 정보를 제공하는 애플리케이션 서비스와 메신저 상담 서비스를 제공하고 있다.

+애플리케이션
앱스토어(애플), 플레이스토어(안드로이드) : 해외안전여행 국민외교(MOFA)를 다운 받아 설치

+영사콜센터
카카오톡 상담 서비스 : 카카오 채널에서 '영사콜센터' 채널 검색 후 친구추가>채팅하기 선택하여 상담

위챗 상담 서비스 : 중국 등에서 많이 사용하는 위챗을 통해 상담 서비스 제공. 위챗 검색창에서 미니 프로그램 클릭 후 'KoreaMofa1' 검색> 영사콜센터 미니 프로그램 선택하여 상담

라인 상담 서비스 : 일본, 태국, 대만 등 아시아 지역에서 널리 사용되는 라인 메신저를 통해 상담 서비스 제공. 라인 채널에서 '영사콜센터' 공식계정 검색 친구추가>대화 선택하여 상담

***재외공관 연락처 검색**

+인터넷
외교부 재외공관 정보
https://www.mofa.go.kr/www/pgm/m_4179/uss/emblgbd/emblgbdAdres.do

+모바일
외교부>대한민국 재외공관>190 재외공관 누리집

응급상황 관련단어

분실하다	紛失する	훈시쯔스루
연락하다	連絡する	렌라꾸스루
유실물 보관소	遺失物保管所	이시쯔부쯔호칸쇼
병원	病院	뵤잉
의사	医者	이샤
간호사	看護婦	강고후
응급처치	応急処置	우꾸쇼찌
주사	注射	쭈샤
수술	手術(しゅじゅつ)	슈쥬쯔
진찰	診察	신사쯔
입원	入院	뉴-잉
퇴원	退院	타이잉
심장	心臓	신조
간장	肝臓	간조
혈압	血圧	게쯔아쯔
맥박	脈搏	먀꾸하꾸
고혈압	高血圧	고께쯔아쯔
전염병	伝染病	덴셈보
체온	体温	다이옹
열	熱	네쯔

MEMO

Emergency

병원에서

어디가 아프세요?

どこが悪いですか?

도꼬가 와루이데스까

여기가 아파요.

ここが痛いです。

고코가 이타이데스

배가 아파요.

お腹が痛いです。

오나까가 이타이데스

검사를 해 봐야겠네요.

検査をしてみましょう。

켄사오 시떼미마쇼-

열이 있네요.

熱が出ます。

네쯔가 데마스

식사 후면 바로 토해요.

食べた後、すぐに吐き出します。

타베따아또 스구니 하키다시마스

SOS

아주 어지러움을 느낍니다.

とても、めまいがします。

도떼모 메마이가 시마스

설사가 납니다.

下痢します。

게리시마스

발목이 삐었습니다.

足首を挫きました。

아시쿠비오 쿠지키시마스

알레르기가 있습니다.

アレルギ-があります。

아레루기-가 아리마스

입원해야 하나요?

入院しなければならないんですか?

뉴-잉시나케레바 나라나링데스까

Emergency

약국에서

두통약을 주세요.

頭痛薬をください。

즈-구수리오 구다사이

잠깐만 기다리세요.

ちょっと待ってください。

춋또 맛때 구다사이

여기 있습니다.

どうぞ。

도―조

처방전이 있습니까?

処方せんがありますか?

쇼호-센가 아리마스까

하루에 몇 알 먹습니까?

一日に何粒飲みますか?

이치니치니 난 츠부 노미마쓰까

한 알씩 식사 후에 드세요.

一粒ずつ食事後に飲んでください。

히토츠부즈츠 쇼쿠지고니 논데 구다사이

SOS

상처에 바르는 연고 주세요.

傷に塗りつける軟膏をください。

도떼모 메마이가 시마스

삔데 바르는 연고 주세요.

挫いたところに塗りつける軟膏をお願いします。

게리시마스

화상약 주세요.

やけど薬をお願いします。

아시쿠비오 쿠지키시마스

소화제 주세요.

消化剤をお願いします。

아레루기-가 아리마스

Emergency
도난

경찰서가 어디입니까?

警察署がどちらですか?

케이사쯔쇼가 도찌라데스까

도와주세요.

助けてください。

타스케테 구다사이

무슨 일입니까?

何のことですか?

난노고토데스까

가방을 도난당했어요.

カバンを盗まれました。

가방오 누스마레마시따

지갑을 도난당했어요.

財布を盗まれました。

사이후오 누스마레마시따

여행자 수표를 도난당했어요.

トラベラーズチェックを盗まれました。

토라베라-즈 책크오 누스마레마시마

SOS

어디에서 도난 당했습니까?

どこで、盗難にあったのですか?

도꼬데 토-난니 앗따노데 소까

전철안에서요.

電車の中です。

덴샤노 나까데스

안에 무엇이 들어 있습니까?

中に何が入っていますか?

나까니 나니가 하잇테이마쓰까

여권이 들어 있습니다.

パスポートが入っています。

파스포-모가 하잇테이마스

재발행받을 수 있을까요?

再発行受けることができますか?

사이핫모-우케루고토사 데기마스까

Emergency

분실

분실물 센터는 어디입니까?

落し物のセンタ-はどこですか?

오또시모노노 센타-와 도꼬데스까

항공권을 잃어버렸어요.

航空券を忘れてしまいました。

코우쿠우켄오 와스레때 시마이마시따

가방을 잃어버렸어요.

カバンを忘れてしまいました。

가방오 와스레떼 시마이마시따

카메라를 잃어버렸어요.

カメラを忘れてしまいました。

카메라오 와스레떼 시마이마시따

어디에서 잃어버렸습니까?

どこで忘れてしまいましたか?

도꼬데 와스레때 시마이마시따

전철 안에 두고 내렸습니다.

電車の中に置いたまま降りました。

덴샤노 나까니 오이따마마 오리바스

SOS

기차에 두고 내렸습니다.

汽車の中に置いたまま降りました。

기샤노 나까니 오이타마마 오리마시다

택시에 두고 내렸습니다.

タクシに置いたまま降りました。

타쿠시니 오이타마마 오리마시다

먼저 분실 신고서를 써 주십시오.

お先に紛失届を書いてください。

오사키니 훈시쯔토도게오 카이떼 구다사이

한국대사관에 가서 재발급 받으세요.

韓国大使館に行って再発給をもらってください。

캉코쿠타이시칸니 잇때 사이핫큐-오모랏때 구다사이

분실 증명서를 주세요.

落し物証明書をください。

오토시모노 쇼-메이쇼오 구다사이

찾으면 연락해 주세요.

探したら連絡してください。

사가시따라 렌라쿠 시때 구다사이

Emergency

응급상황

경찰을 불러주세요.

警察を呼んでください。

케-샤쯔오 욘데 쿠다사이

응급상황이에요.

緊急事態です。

긴큐-지따이데스

앰뷸런스를 불러주세요.

救急車を呼び出してください。

큐-큐-샤오 요비다시테 구다사이

한국어가 가능한 사람을 불러주세요.

韓国語ができる人を呼んでください。

캉코쿠고가 데키루 히토오 욘데 구다사이

한국대사관에 연락해 주세요.

韓国大使館へ連絡してください。

캉코쿠타이시칸에 렌라쿠시테 구다사이

교통사고가 났습니다

交通事故が起こりました。

코우츠우지코가 오코리마시따

SOS

어디입니까?

どこですか?

도코데스까

도쿄역 근처입니다.

東京駅の近くです。

토-쿄-에끼노 찌카쿠데스

다친 사람이 있어요.

怪我をした人がいます。

케가오 시타 히토가 이마스

저는 당뇨병이 있어요.

私は糖尿病があります。

와타시와 토뇨뵤우가 아리마스

저는 고혈압이 있어요.

私は高血圧があります。

와타시와 코우케쯔아쯔 아리마스

감기에 걸린 것 같아요.

風邪をひいたようです。

카제오 히이타요우데스

10

부록

Supplement

01 히라가나
02 가타카나
03 기수
04 서수
05 물건의 세기
06 월, 요일, 일
07 때, 계절
08 시간의 표현
09 가족
10 여행 필수단어

히라가나

	あ단	い단	う단	え단	お단
あ행	あ[a]	い[i]	う[u]	え[e]	お[o]
か행	か[ka]	き[ki]	く[ku]	け[ke]	こ[ko]
さ행	さ[sa]	し[si]	す[su]	せ[se]	そ[so]
た행	た[ta]	ち[ti/chi]	つ[tu]	て[te]	と[to]
な행	な[na]	に[ni]	ぬ[nu]	ね[ne]	の[no]
は행	は[ha]	に[hi]	ふ[hu]	へ[he]	ほ[ho]
ま행	ま[ma]	み[mi]	む[mu]	め[me]	も[mo]
や행	や[ya]		ゆ[yu]		よ[yo]
ら행	ら[ra]	り[ri]	る[ru]	れ[re]	ろ[ro]
わ행	わ[wa]				を[wo]
ん행	ん[n,m]				

가타카나

	ア단	イ단	ウ단	エ단	オ단
ア행	ア	ィ	ワ	エ	オ
カ행	カ	キ	ヮ	ケ	コ
サ행	サ	シ	ス	セ	ソ
タ행	タ	チ	ツ	テ	ト
ナ행	ナ	ニ	ヌ	ネ	ノ
ハ행	ハ	ヒ	フ	ヘ	ホ
マ행	マ	ミ	ム	メ	モ
ヤ행	ヤ		ユ		ヨ
ラ행	ラ	リ	ル	レ	ロ
ワ행	ワ				ヲ
ン					

기수

0	まる、ゼロ	마루, 제로
1	いち	이치
2	に	니
3	さん	상
4	よん、し	용, 시
5	ご	고
6	ろく	로쿠
7	なな、しち	나나, 시치
8	はち	하치
9	きゅう	큐-
10	じゅう	쥬-
11	じゅういち	쥬-이치
12	じゅうに	쥬-니
13	じゅうさん	쥬-상
14	じゅうよん	쥬-용

15	じゅうご	쥬-고
16	じゅうろく	쥬-로쿠
17	じゅうなな	쥬-나나
18	じゅうはち	쥬-하치
19	じゅうきゅう	쥬-쿠
20	にじゅう	니쥬-
30	さんじゅう	상쥬-
40	よんじゅう	용쥬-
50	ごじゅう	고쥬-
60	ろくじゅう	로쿠쥬-
70	ななじゅう	나나쥬-
80	はちじゅう	하치쥬-
90	きゅうじゅう	큐-쥬
100	ひゃく	햐쿠
1000	せん	셍

서수

하나	ひとつ	히또쯔
둘	ふとつ	후따쯔
셋	みっつ	밋쯔
넷	よっつ	욧쯔
다섯	いつつ	이쯔쯔
여섯	むっつ	뭇쯔
일곱	ななつ	나나쯔
여덟	やっつ	얏쯔
아홉	ここのつ	고꼬노쯔
열	とお	도-

첫째	一番(目)	이찌방(메)
둘째	二番(目)	니방(메)
셋째	三番(目)	삼방(메)
넷째	四番(目)	용방(메)
다섯째	五番(目)	고방(메)
여섯째	六番(目)	로쿠방(메)
일곱째	七番(目)	나나방(메)
여덟째	八番(目)	하찌방(메)
아홉째	九番(目)	규-방(메)
열째	十番(目)	쥬-방(메)

물건의 세기

1층	一階	익까이
2층	二階	니까이
3층	三階	상가이
4층	四階	용까이
5층	五階	고까이
6층	六階	록까이
7층	七階	나나까이

한 번	一度	이치도
두 번	二度	니도
세 번	三度	산도
네 번	四度	욘도
다섯 번	五度	고도
여섯 번	六度	로쿠도
일곱 번	七度	나나도
여덟 번	八度	하치도
아홉 번	九度	큐-도
열 번	十度	쥬-도
몇 번	何度	난도

월, 요일, 일

1월	1月	이치가쯔
2월	2月	니가쯔
3월	3月	상가쯔
4월	4月	시가쯔
5월	5月	고가쯔
6월	6月	로구가쯔
7월	7月	시치가쯔
8월	8月	하치가쯔
9월	9月	쿠가쯔
10월	10月	쥬-가쯔
11월	11月	쥬-이치가쯔
12월	12月	쥬-니가쯔

일요일	日曜日	니치요-비
월요일	月曜日	게쯔요-비
화요일	火曜日	카요-비
수요일	水曜日	스이요-비
목요일	木曜日	우쿠요-비
금요일	金曜日	킹요-비
토요일	土曜日	도요-비

1일	ついたち	쯔이다치
2일	ふつか	후쯔카
3일	みっか	믹카
4일	よっか	욧카
5일	いつか	이쯔카
6일	むいか	무이카
7일	なのか	나노카
8일	ようか	요-카
9일	ここのか	코코노카
10일	とおか	토-카

때, 계절

아침	朝	아사
점심	晝	히루
저녁	夕方	유-가타
오전	午前	고젠
오후	午後	고고
오늘	今日	쿄-
어제	昨今	키노
내일	明日	아시타
모레	あさって	아삳떼
오늘 아침	今朝	케사
오늘 밤	今晚	콤방
밤	夜	요루
그저께	おととい	오토토이

봄	春	하루
여름	夏	나쯔
가을	秋	아키
겨울	冬	후유

시간의 표현

지난주	先周	센슈-
이번 주	今周	콘슈-
다음 주	來周	라이슈-
지난달	先月	셍게쯔
이달	今月	콩게쯔
다음 달	來月	라이게쯔
매일	毎日	마이니치
매주	毎周	마이슈-
매달	毎月	마이게쯔
매년	毎年	마이넹
올해	今年	코또시
내년	來年	라이넹
후년	再來年	사라이넹

가족(자신의 가족)

할아버지	祖父	소후
할머니	祖母	소보
아버지	父	치치
어머니	母	하하
남편	夫	옷토
아내	家內	카나이
형, 오빠	兄	아니
누나, 언니	姉	아네
남동생	弟	오토-토
여동생	妹	이모-토
아들	息子	무스코
딸	娘	무스메
아기	子共	코도모
가족	家族	카족쿠
형제	兄弟	쿄-다이

가족(남의 가족)

할아버지	おじいさん	오지-상
할머니	おばあさん	오바-상
아버지	お父さん	오토-상
어머니	お母さん	오카-상
남편	ご主人	고슈-상
형, 오빠	お兄さん	오니-상
누나, 언니	お姉さん	오네-상
남동생	弟さん	오토-토상
여동생	妹さん	이모-토상
아들	息子さん	무스코상
딸	娘さん	무스메상
아기	赤ちゃん	아카짱
가족	ご家族	코카족쿠
형제	ご兄弟	고쿄-다이

부록

여행 필수 단어

ㄱ

가게	みせ	미세
가격	ねだん	네당
가구	かぐ	카구
가까운	みじかい	미지카이
가능성	かのうせい	가노-세-
가루	いく	이쿠
가르치다	こな	코나
가방	おしえる	오시에루
가벼운	かばん	카방
가수	かるい	카루이
가스	かしゅ	카슈
가슴	ガス	가스
가을	むね	무네
가져오다	あき	아키
가족	もってくる	못테쿠루
간식	かぞく	오야츠 / 칸쇼쿠
간호사	おやつ / かんしょく	칸고후
갈색	かんごふ	키이로
갈아타다	きいろ	노리카에루
감기	のりかえる	카제
감사하다	かぜ	아리카토우 고자이마스
감자	ありがとうございます	쟈가이모
	じゃがいも	

값비싼	たかい	다카이
값싼	やすい	야스이
강	かわ	카와
강도	どろぼう	도로보
갚다	かえす	카에스
개	いぬ	이누
개인	こじん	코진
개인용품	こじんようひん	코진요-힝
개찰구	かいさつぐち	카이사쯔구찌
거리(길)	みち / とおり	미치 / 토오리
거리요금제	きょり りょうきんせい	쿄리 료-킨세-
거스름돈	おつり	오쯔리
거절하다	ことわる	코토와루
거짓말	うそ	우소
건강	けんこう	켕코우
건널목	ふみきり	후미키리
건전지	かんでんち	칸덴찌
건조한	かんそうな	칸소-나
걷다	あるく	아루쿠
검사	けんさ	켄사
검은	くろい	쿠루이
게	かに	카니
게시판	けいじばん	케이지방

겨울	ふゆ	후유
견본	みほん / サンプル	미홍 / 산푸루
견인차	けんいんしゃ	켕잉샤
결심하다	けっしんする	겟신스루
결정	けってい	켓테이
경고	けいこく	케이코쿠
경기장	きょうぎじょう	쿄-기죠-
경마	けいば	케이바
경영	けいえい	케-에
경제	けいざい	케-자
경주	きょうそう	쿄-쇼
경찰	けいさつ	케이사쯔
경치	けしき	케시키
경험하다	けいけんする	케이켄스루
계단	かいだん	카이당
계좌	こうざ	코우자
계란 프라이	たまごフライ	메다마야키
계산	けいさん	케이산
계속하다	つづく	쯔즈쿠
계약	けいやく	케이야쿠
계절	きせつ	키세쯔
계획	けいかく	케이카쿠
고급	こうきゅう	코-큐

고구마	さつまいも	사쯔마이모
고기	にく	니꾸
고려하다	こうりょする	코우료스루
고민	なやみ	나야미
고소공포증	こうしょきょうふしょう	코-쇼쿄-후쇼
고속도로	こうそくどうろ	코-소쿠도-로
고속버스	こうそくバス	코-소쿠바스
고양이	ねこ	네코
고열	こうねつ	코-네쯔
고장나다	こしょうする	코쇼-스루
고추장	とうがらしみそ	토우가라시미소
고추가루	こなとうがらし	코나토우가라시노
고향	ふるさと	후루사토
고혈압	こうけつあつ	코-케츠아츠
곤충(벌레)	むし	무시
골동품	こっとうひん	콧토-힝
골절	こっせつ / ほねぶし	콧세츠 / 호네부시
골프	ゴルフ	고루후
공중의 / 공공의	こうしゅうの	코-슈-노
공부하다	べんきょうする	벵쿄-스루
공사중	こうじちゅう	코-지츄
공식적인	こうしきてき	코-시키테키
공손한	ていねいな	테-네-나

부록

공업	こうぎょう	코-쿄-
공연	こうえん	코-엔
공원	こうえん	코-엔
공장	こうじょう	코-죠
공중전화	こうしゅうでんわ	코-슈-뎅와
공중 화장실	こうしゅう けしょうしつ	코-슈-케쇼-시츠
공항	くうこう	쿠-코
공항행 버스	くうこうゆきの バス	쿠-코-유기노 바스
과일	くだもの	쿠다모노
과잉요금	かじょうりょうきん	카죠-료-킹
관광	かんこう	캉코-
관광객	かんこうきゃく	캉코-캬쿠
관광버스	かんこうバス	캉코-바스
관광지	かんこうち	캉코-치
관리인	かんりにん	칸리닝
관세	かんぜい	칸제이
관심	かんしん	칸싱
광장	ひろば	히로바
괴롭히다	くるしめる / いじめる	쿠루시메루 / 이지메루
교외에	こうがいに	코-가이니
교차로	こうさろ	코-사로
교통사고	こうつうじこ	코-츠-지코
교통신호	こうつうしんごう	코-츠-싱고

교통체증	こうつうじゅうたい	코-츠-쥬-타이
교환원(교환수)	こうかんしゅ	코우칸슈-
교환하다	とりかえる	토리카에루
교회	きょうかい	쿄-카이
구급차	きゅうきゅうしゃ	큐-큐-샤
구두	くつ	구쯔
구름	くも	쿠모
구명조끼	ライフジャケット	라이후자켓토
구석	すみ / かたすみ	스미 / 카타스미
구역	くいき	구이키
구운	やき	야키
구입하다	かう	가우
구토(구역질)	はきけ	하키케
구하다	たすける	타스케루
국경일	しゅくじつ	슈쿠지츠
국기	こっき	콕키
국내선	こくないせん	코쿠나이센
국도	こくどう	코쿠도-
국립의	こくりつの	코쿠리쯔노
국적	こくせき	코쿠세키
국제선	こくさいせん	코쿠사이센
국제연합	こくさいれんごう	코쿠사이렌고-
국제전화	こくさいでんわ	코쿠시이뎅와

국제항	こくさいこう	코쿠사이코-
굽다	やく	야쿠
궤양	かいよう	카이요-
귀	みみ	미미
귀걸이	イヤリング	이야링구
귀국하다	きこくする	키코쿠스루
귀여운	かわいい	카와이이
귀중품	きちょうひん	키쵸-힝
귀찮은	めんどうな	멘도-나
규모	きぼ	키보
규칙	きそく	키소쿠
그 / 그녀 / 그것	かれ / かのじょ / それ	카레 / 카노죠 / 소레
그늘	かげ	카게
그들	かれら	카레라
그리워하다	なつかしがる	나쯔카시가루
그림	え	에
그림엽서	えはがき	에하가키
그림자	かげ	카게
그밖의	そのほか	소노호까
극장(영화관)	えいがかん	에-가캉
근육	きんにく	킨니쿠
금 / 순금	きん / じゅんきん	킹 / 쥰킹
금연구역	きんえんくいき	킹엥쿠이키

금지된	きんしされた	킨시사레타
급행열차	きゅうこうれっしゃ	큐-코-렛샤
긍정적	こうていてき	코-테-테키
기간	きかん	키칸
기계	きかい	키카이
기관지염	きかんしえん	키칸시엥
기념비	きねんひ	키넹히
기념일	きねんび	키넨비
기념품 가게	きねんひんや	키넨힝야
기다리다	まつ	마쯔
기대하다	きたいする	키타이스루
기독교신자	キリストきょうと	키리스토쿄-토
기름	あぶら	아부라
기부하다	きふする	키후스루
기쁘다	うれしい	우레시이
기숙사	きしゅくしゃ / りょう	키슈쿠샤 / 료우
기술	ぎじゅつ	기쥬쯔
기억하다	きおくする / おぼえる	키오쿠스루 / 오보에루
기업	きぎょう	키교-
기온	きおん	키온
기입하다	きにゅうする	키뉴-스루
기저귀	おむつ	오무쯔
기침	せき	세끼

기타(악기)	ギタ_	기타
기혼의	きこんの	키콘노
기회	きかい	키카이
기후	きこう	키코우
긴	ながい	나가이
긴급	きんきゅう	킨큐우
깊은	ふかい	후카이
깡통따개	かんきり	칸키리
깨다	さます	사마스
껌	ガム	가무
꽃	はな	하나
꿈	ゆめ	유메
끄다	けす	케스
끔직한	ひどい	히도이
끝내다	おえる	오에루

ㄴ

나라	くに	쿠니
나무	き	키
나쁜	わるい	와루이
나이든 / 오래된	としをとる / ひさしい	토시오 토루 / 히사시이
나침판	らしんばん / コンパス	라신반 / 콤파스
낚시	つり	쯔리
난방	だんぼう	단보우

부록

날씨	てんき	텡키
남자	おとこ	오토코
남쪽	みなみ	미나미
남편	おっと / しゅじん	옷토 / 슈징
낮은	ひくい	히쿠이
낮추다(가격)	さげる	사게루
낯선 곳	みしらない ところ	미시라나이 도코로
내과의사	ないかい	나이카이
내리다(차에서)	おりる	오리루
내일	あした	아시타
냅킨	ナプキン	나프킨
너 / 너의	あなた / あなたの	아나타 / 아나타노
넓은	ひろい	히로이
노래 / 부르다	うた / うたう	우타 / 우타우
노력하다	どりょくする	도료쿠스루
노선도	ろせんず	로센즈
노인	ろうじん	로-진
노출	ろしゅつ	로슈쯔
논쟁하다	ろんそうする	론소-스루
놀다	あそぶ	아소부
놀라운	おどろく	오도로쿠
놀리다	からかう	카라카우
놀이공원	ゆうえんち	유-엔치

농구	バスケットボ_ル	바스켓토보-루
농담	じょうだん	쵸-당
농업	のうぎょう	노-교-
농장	のうじょう	노-죠-
높은	たかい	다카이
눈(신체)	め	메
눈	ゆき	유키
눈동자	ひとみ	히토미
눈물	なみだ	나미다
눈보라	ふぶき	후부키
눈사태	なだれ	나다레
눈썹	まゆげ	마유게
느슨한	ゆるい	누루이

ㄷ

다른	ちがう	치가우
다리(교량)	はし	하시
다리(사람)	あし	아시
다양한	いろんな	이론나
다음 주	らいしゅう	라이슈우
다이아몬드	ダイヤモンド	다이야몬드
다치다	けがをする	케가오스루
단발머리	おかっぱ	오캅빠
단체관광	だんたいかんこう	단다이칸코-

달력	こよみ	코요미
달콤한	あまい	아마이
닭고기	とりにく	토리니쿠
담배	たばこ	타바코
담요	もうふ	모-후
당기다	ひく	히쿠
당뇨병	ようにょうびょう	요-뇨-뵤
당혹스러운	こまる	코마루
대기하다	たいきする	타이키스루
대다수	だいたすう	다이타스-
대답하다	こたえる	코타에루
대마초	たいま	타이마
대사관	たいしかん	타이시칸
대중교통	たいしゅうこうつう	타이슈-코-쯔
대통령	だいとうりょう	다이토-료
대합실	まちあいしつ	마찌아이시쯔
대학교	だいがっこう	다이각꼬-
더러운	きたない	기타나이
도망가다	にげる	니케루
도서관	としょかん	토쇼캉
도시	とし	토시
도자기	とうじき	토_지키
도전	ちょうせん	쵸-센

부록

도착하다	とうちゃくする	도우차쿠스루
독 / 독약	どく	도쿠
독감	インフルエンザ	인후루엔자
독신	どくしん / ひとりみ	도쿠신 / 히토리미
돈	かね	카네
돕다	てつだう	테쯔다우
동료	なかま / どうりょう	나카마 / 도-료-
동물 / 동물원	どうぶつ / どうぶつえん	도-부츠 / 도-부트엥
동부	とうぶ	토-부
동상	どうぞう	도-죠-
동양의	とうようの	토우요우노
동전	たま	타마
동쪽	ひがし	히가시
돼지고기	ぶたにく	부타니쿠
두꺼운	あつい	아쯔이
두드러기	じんましん	짐마신
두 배의	にばいの	니바이노
들이받다	つく	쯔쿠
등(빛)	あかり	아카리
등(신체)	せなか	세나카
등기우편	かきとめゆうびん	카키토메유우빙
등대	とうだい	토우다이
등산	とざん/やまのぼり	토장 / 야마노보리

따로 계산	わりかん	와리캉
딱딱한	かたい	가타이
딸	むすめ	무스메
땀	あせ	아세
딸기	いちご	이찌고
땅	つち	쯔찌
떨어지다(거리)	おちる	오찌루
뛰어난	すぐれる	스쿠레이
뜨거운 / 더운	あつい	아쯔이

ㄹ

라디오	ラジオ	라지오
라이터	ライタ_	라이타-
럭비	ラグビ_	라구비-
레코드 가게	レコ_ドや	레코-도야
로비	ロビ_	로비
리조트	リゾット	리죳토
리프트	リフト	리후토
리허설	リハ_サル	리하-사루
룸서비스	ル_ムサ_ビス	루-무 사-비스

ㅁ

마감	おわり	오와리
마늘	にんこく	난니쿠
마스크	マスク	마스크

마시다	のむ	노무
마요네즈	マヨネ_ズ	마요네-즈
마을	むら	무라
만나다	あう	아우
만들다	つくる	쯔쿠루
만년필	まんねんひつ	만넹히쯔
만지다	わる さわる	사와루
많은	おおい	오오이
만화	まんが	망가
말하다	いう	이우
맛 / 맛있다	あじ / おいしい	아지 / 오이시이
망원경	ぼうえんきょう	보-엔쿄-
맡기다	あずける	아즈케루
매운	からい	카라이
매진	うりきれ	우리키레
매표소	きっぷうりば	깁뿌우리바
맥박	みゃくはく / みゃく	먀쿠하쿠 / 먀쿠
맥주	ビ_ル	비-루
맹장염	もうちょうえん	모-쵸-엔
먹다	たべる	다베루
먼	どおい	도오이
멀미	よい	요이
멋진	すてきな	스테키나

부록

메뉴	メーニュ	메-뉴
면	めん	멘
면도	そり	소리
면세점	めんぜいてん	멘제이텡
면허증	めんきょしょう	멘쿄쇼-
명소	めいしょ	메이쇼
명함	めいし	메이시
모기	か	카
모닝콜	モーニングコール	모-닝구코-루
모든	みんな	민나
모래	すな	스나
모자	ぼうし	보-시
모자라다	たりない	타리나이
모조품	にせもの	니세모노
모직	ウール	우-루
모피	けがわ	케가와
목	のど	노도
목걸이	ネックレス	넥쿠레스
목사	ぼくし	보쿠시
목소리	こえ	고에
목욕수건	バスタオル	비스타오루
목재	もくざい	모쿠자이
목적	もくてき	모쿠테끼

목적지	もくてきち	모쿠테키찌
몸	からだ	가라다
몸살이 나다	つかれやまいがでる	쯔카레야마이가데루
몸이 좋지 않다	からだがわるい	가라다가와루이
묘지	はか	하카
무거운	おもい	오모이
무게	おもさ	오모사
무대	ぶたい	부타이
무례한	ぶれいな	부레이나
무료의	むりょうの	무료-노
무료 입장	むりょうにゅうじょう	무료-뉴-죠
무릎	ひざ	히쟈
무역회사	ぼうえきかいしゃ	보우에끼가이야
무지개	にじ	니지
무효	むこう	무코우
묵다	とまる	도마루
문제	もんだい	모다이
묻다	きく	키쿠
물다	かむ	카무
뮤지컬	ミュ_ジカル	뮤-지카루
미술관	びじゅつかん	비쥬쯔캉
미식축구	アメリカンフットボ_ル	아메리칸-또보-루
미용사	びようし	비요-시

미혼	みこん	미콘
민족	みんぞく	민조쿠
민속무용	みんぞくぶよう	민조쿠부요우
믿기 어려운	しんじられない	신지라레나이
믿다	しんじる	신지루
밀가루	こむぎこ	코무기코
밀다	おす	오스

ㅂ

바꾸다	かえる	카에루
바다	うみ	우미
바닥	そこ	소코
바닷가재	ざりがに	자리가니
바람	かぜ	카제
바쁜	いそがしい	이소가시이
바지	ズボン	즈봉
박람회	はくらんかい	하쿠란카이
박물관	はくぶつかん	하쿠브쯔캉
반	はん	항
반대편	はんたいがわ	한타이가와
반지	ゆびわ	유비와
반팔	はんそで	한소데
반창고	ばんそうこう	반소-코
반품하다	へんぴんする	헴핑스루

발	あし	아시
발견하다	はっけんする	학켄스루
발송인	はっそうにん	핫소우닝
밝은	あかるい	아카루이
밤	よる	요루
방	へや	헤야
방법	ほうほう	호-호-
방향	ほうこう	호-코-
방해하다	じゃまする	쟈마스루
배(신체)	はら	하라
배	ふね	후네
배고픈	はらがへる	하라가 헤루
배낭	リュックサック	륙쿠삭쿠
배달하다	はいたつする	하이타쯔스루
배우다	ならう	나라우
백포도주	しろワイン	시로와인
백화점	ひゃっかてん / デパ_ト	카텡 / 데파-토
버스정류장	バスてい	바스테-
번호	ばんごう	방고-
범위	はんい	항이
범죄	はんざい	한자이
벗다	ぬぐ	누구
베개	まくら	마쿠라

벼룩시장 フリ_マケット 후리-마켓토

변비 べんぴ 벰삐

병 びゅうき 뵤-키

병원 びょういん 뵤-잉

보내다 おくる 오쿠루

보도 ほうどう 호-도-

보다 みる 미루

보상하다 ほしょうする 호쇼-스루

보석 ほうせき 호우세키

보조열쇠 あいかぎ 아이카기

보증금 ほしょうきん 호쇼-킹

보험 ほけん 호켄

보호하다 ほごする 호고스루

복사하다 コピ_する 코피-스루

복잡한 ふくざつな 후쿠자쯔나

복통 ふくつう 후쿠쯔-

봄 はる 하루

봉투 ふうとう 후-토-

부드러운 やわらかい 야와라카이

부럽다 うらやましい 우라야마시이

부르다 よぶ 요부

부모 りょうしん 료-싱

부엌 だいどころ 다이도코로

부록

부유한 ゆたかな 유타카나
부족한 ふそくな 후소쿠나
부지런한 まめまめしい 마메마메시이
부탁하다 たのむ 타노무
북쪽 きた 키타
분실물 おとしもの 오토시모노
분위기 ふんいき 훈이키
불 ひ 히
불교 ぶっきょう 북쿄우
불량품 ふりょうひん 후료-우힝
불면증 ふみんしょう 후민쇼-
불안한 ふあん 후안
불평 もんく 몽쿠
붕대 ほうたい 호-타이
브래지어 ブラジャ_ 브라쟈-
비 あめ 아메
비누 せっけん 섹켕
비단 きぬ / シルク 키누 / 시루쿠
비밀 ひみつ 히미쯔
비상계단 ひじょうかいだん 히죠-카이단
비상구 ひじょうぐち 히죠-구찌
비슷한 にている 니테이루
비용 ひよう 히요우

비행기	ひこうき	히코우키
빈방	あきべや	아키베야
빈 자리	くうせき	쿠우세키
빈혈	ひんけつ	힌케츠
빌려주다	かす	카스
빗	くし	쿠시
빙하	ひょうが	효우가
빨대	ストロ_	스토로-
빨리	はやく	하야쿠
빵	パン	팡
빼다	ぬきだす / とりだす	누키다스 / 토리다스
뼈	ほね	호네

ㅅ

사거리	しゃきょり	샤쿄리
사고	じこ	지코
사기	さぎ	사기
사다	かう	카우
사람들	ひとだち	히또다찌
사람의 수	ひとのかず	히또노카즈
사랑스러운	かわいらしい	카와이라시이
사막	さばく	사바쿠
사무실	じむしつ	지무시쯔
사용료	しようりょう	시요-료-

사용하다	つかう	츠카우
사우나	サウナ	사우나
사원	てら	테라
사진	しゃしん	샤싱
사진촬영 금지	しゃしんさつえい きんし	시신사쯔에이 킨시
사촌	いとこ	이토코
사회	しゃかい	샤카이
산	やま	야마
산부인과 의사	さんふじんか いし	산후진카 이시
산소 마스크	さんそマスク	산소마스쿠
살다	すむ	스무
삼각형	さんかくけい	산카쿠케이
삼촌	おじ	오지
상대방	あいて	아이테
상반신	じょうはんしん	죠-한신
상연(공연)	じょうえん	죠-엔
상인	しょうにん	쇼-닝
상자	はこ	하코
상황	じょうきょう	죠-쿄-
새	とり	토리
새로운	あたらしい	아타라시이
새벽	よあけ	요아케
샐러드	サラダ	사라다

생리대	せいりよう ナプキン	세이리요-나프킨
생선	さかな	사카나
생일	たんじょうび	탄죠-비
서두르다	いそぐ	이소구
서명	しょめい	쇼메이
서점	ほんや / しょてん	홍야 / 쇼텡
서쪽	にしがわ	니시가와
섞다	まぜる	마제루
선물	プレゼント / おみやげ	프레젠토 / 오미야게
선택	せんたく	센타쿠
선풍기	せんぷうき	셈푸-키
설명서	せつめいしょ	세쯔메이쇼
설사	げり	게리
설탕	さとう	사토우
섬	しま	시마
성(건축)	おしろ	오시로
성냥	マッチ	맛치
성당	せいどう	세이도우
세관 검사	ぜいかん けんさ	제이칸 켄사
세금	ぜいきん	제-킨
세탁	せんたく	센타쿠
셔츠	シャツ	샤츠
소개하다	しょうかいする	쇼-카이스루

소고기	ぎゅうにく	규-니쿠
소녀 / 소년	しょうじょ / しょうねん	쇼-죠 / 쇼-넨
소매치기	すり	스리
소방서	しょうぼうしょ	쇼-보-쇼
소음	そうおん	소우온
소지품	もちもの	모치모노
소풍	えんそく / ピクニック	엔소쿠 / 피크닉쿠
소화불량	しょうかふりょう	쇼-카후료-
소화제	しょうかざい	쇼-카자이
속달우편	そくたつゆうびん	소쿠타쯔유-빙
속옷	はだぎ	하다기
손 / 손가락	ゆび	유비
손수건	てぬぐい / ハンカチ	테누구이 / 한카치
손톱	つめ	쯔메
손해	そんがい	손가이
쇼핑	ショッピング	숍핑구
수리하다	しゅうりする	슈-리스루
수면제	すいみんやく	스이민야쿠
수수료	てすうりょう	테스-료-
수술	しゅじゅつ	슈쥬쯔
수신인	じゅしんにん	쥬신닌
수업	じゅぎょう	쥬교우
수염	ひげ	히게

수영	すいえい	스이에이
수입하다	しゅうにゅうする	슈-뉴-스루
수정(보석)	クリスタル	쿠리스타루
수족관	すいぞくかん	스이죠쿠칸
수표	こぎって	코긷떼
수하물	てにもつ	테니모쯔
슬픈	かなしい	카나시이
시장	いちば	이찌바
시청	しちょう	시쵸우
식물원	しょくぶつえん	쇼쿠부쯔엔
식중독	しょくちゅうどく	쇼쿠츄-도쿠
신고	しんこく	싱코쿠
신문	しんぶん	신붕
신분증명서	みぶんしょうめいしょ	미분쇼-메-쇼
신용카드	クレジット カ_ド	크레짇토카-도
신청하다	もうしこむ	모우시코무
신호	しんごう	신고-
신혼여행	しんこんりょこう	신콘료코-
실수	まちがい	마치가이
실패하다	しっぱいする	십빠이스루
싫어하다	いやがる / きらう	이야가루 / 키라우
쌀	こめ	코메
쓰레기	ごみ	고미

아기	あかちゃん	아카짱
아내 / 아들	つま / むすこ	쯔마 / 무스코
아침 식사	あさごはん	아사고항
안개	きり	키리
안경	めがね	메가네
안내서	あんないしょ	안나이쇼
안내소	ガイド ブック	가이도 북쿠
야경	やけい	야케이
약 / 약국	くすり / くすりや	쿠스리 / 쿠스리야
약속하다	やくそくする	야쿠소쿠스루
양념	やくみ / あじつけ	야쿠미 / 아지츠케
어두운	くらい	쿠라이
어려운	むずかしい	무즈카시이
어지럽다	めまいがする	메마이가스루
어학연수	ごがくけんしゅう	고가쿠켄슈우
얼룩	しみ	시미
여권	りょけん / パスポ_ト	료켄 / 파스포-토
여행자수표	トラベラ_ズチェック	토리베라-즈 첵쿠
연기	えんき	엔키
연휴	れんきゅう	렌큐-
영수증	りょうしゅうしょ / レシ_ト	료-슈-쇼 / 레시-토
예매권	まえうりけん	미에우리켄
예방주사	よぼうちゅうしゃ	요보-츄-샤

부록

온도	おんど	온도
온천	おんせん	온센
왕복표	おうふくきっぷ	오우후쿠 깁뿌
외로운	さびしい	사비시이
요금표	りょうきんひょう	료우킹효–
우체국	ゆうびんきょく	유우빙쿄쿠
우체통	ゆうびんばこ / ポスト	유–빙바코 / 포스트
운전 면허증	うんてん めんきょ	운텐 멘쿄
원숭이	さる	사루
유람선	ゆうらんせん	유우란센
유적(지)	いせき	이세키
유실물 보관소	いしつぶつ とりあつかいじょ	이시츠부츠 토리아츠카이죠
유행성 감기	はやりの かぜ	하야리노 카제
은행	ぎんこう	간코우
응급처치	おうきゅうしょち	오우큐우쇼찌
의사	いし	이시
일기예보	てんきよほう	텡키요호–
일방통행	いっぽうつうこう	잎포–쯔–코–
1일 승차권	いちにちじょうしゃけん	이치니치죠우샤켕
입국심사	にゅうこくしんさ	뉴–코쿠신사
입원	にゅういん	뉴–잉
입장권	にゅうじょうけん	뉴–조–켕

자동차 사고	じどうしゃじこ	지도우샤지코
작성하다	さくせいする	사쿠세이스루
잔돈	こぜに	코재니
장난감(가게)	おもちゃ(おもちゃや)	오모챠(오모챠야)
저녁 식사	ゆうしょく	유우쇼쿠
전기	でんき	덴키
전망이 좋은	ながめの いい	나가메노 이이
전문학교	せんもんがっこう	센몬각코–
전보	でんぽう	뎀뽀–
전염병	でんせんびょう	덴센뵤–
전자제품	でんしせいひん	덴시세이힝
전통적인	でんとうてき	덴토우테끼
전화번호부	でんわばんごうぶ	뎅와방고우부
절	てら	테라
절약하다	せつやくする	세쯔야쿠스루
접착제	せっちゃくざい	셋치쿠자이
점원	てんいん	텡잉
접속	せつぞく	세츠죠쿠
젓가락	はし	하시
정보	じょうほう	죠–호–
정숙	せいしゅく	세이슈쿠
정식(식사)	ていしょく	테이쇼쿠
정원	にわ	니와

정육점	にくや	니쿠야
정치	せいじ	세이지
정치가	せいじか	세이지카
제목	だいもく	다이모쿠
제외하다	じょがいする	죠우가이스루
제출하다	ていしゅつする	테이슈쯔스루
조건	じょうけん	죠-켄
조미료	ちょうみりょう	쵸우미료우
종교	しゅうきょう	슈-쿄
종업원	じゅうぎょういん	쥬-교-인
좌석	ざせき	자세키
좌석번호	ざせきばんごう	자세키방고-
주(날짜)	しゅう	슈우
주(행정)	しゅう	슈우
주유소	ガソリンスタンド	가소린스탄도
주의하다	ちゅういする	츄-이스루
주차금지	ちゅうしゃきんし	츄-샤킨시
지구	ちきゅう	찌큐-
지름길	ちかみち	찌카미찌
지불하다	しはらう	시하라우
지폐	しへい	시헤이
지하도	ちかどう	치카도-
지하철 노선도	ちかてつろせんず	치카테쯔로우센즈

부록

지하철 역	ちかてつの えき	치카데쯔노 에키
직업	しょくぎょう	쇼쿠교-
진단서	しんだんしょ	신단쇼
진실	しんじつ	신지쯔
진통제	いたみどめ	이타미도메

ㅊ

차(마시는)	おちゃ	오챠
차갑게 만들다	つめたくする	츠메타쿠스루
차별하다	さべつする	사베츠스루
착각	さっかく	삿카쿠
착륙	ちゃくりく	챠쿠리쿠
찬성하다	さんせいする	산세이스루
찬송가	さんびか	산비카
참석하다	さんかする	산카스루
창가 자리	まどぎわの せき	마도기와노 세키
찾다, 탐색하다	さがす	사가스
채식주의자	ベジタリアン	베지타리안
처방전	しょほうせん	쇼호-센
천식	ぜんそく	젠소쿠
철도	てつどう	테쯔도우
청구서	せいきゅうしょ	세이큐우쇼
청소	そうじ	소우지
체류기간	たいりゅうきかん	타이류우키칸

체온	たいおん	타이온
체질	たいしつ	타이시쯔
초과	ちょうか	쵸-카
초대	しょうたい	쇼우타이
초보자	しょしんしゃ	쇼신샤
초밥집	すしや	스시야
최저요금	さいていりょうきん	사이테-료-킹
추가하다	ついかする	쯔이카스루
추월금지	おいこしきんし	오이코시킨시
출국	しゅっこく	슛코쿠
출신지	しゅっしんち	슛신찌
출입금지	たちいりきんし	타치이리킨시
출혈	しゅっけつ	슛케쯔
충돌사고	しょうとつじこ	쇼-토츠지코
충치	むしば	무시바
취미	しゅみ	슈미
취소하다	とりけす	토리케스
치과	はか	하카
치약	はみがき	하미가키
치질	じしつ	지시쯔
치통	しつう	시츠-
친구	ともだち	토모다찌
친절	しんせつ	신세쯔

침대	しんだい / ベット	신다이 / 벳도

ㅋ

카드	カ_ド	카-도
카메라	カメラ	카메라
카운터	カウンタ	카운타
카지노	カジノ	카지노
카톨릭	カトリック	카토릿쿠
칵테일	カクテル	카쿠테루
칸막이 객실	しきり きゃくしつ	시키리 캬쿠시쯔
커피숖	きっさてん	킷사텐
컵	カップ	카뿌
코	はな	하나
콘돔	コンド_ム	콘도-무
콘서트	コンサ_ト	콘사-토
콜라	コ_ラ	코-라
콧물	はなじる	하나지루
큰	おおきい	오오키이

ㅌ

타다	のる	노루
타월	タオル	타오루
타박상	だぼくしょう	다보쿠쇼우
탁구	ピンポン	핑퐁
탄산 음료수	たんさんすい / ソ_ダ	탄산스이 / 소-다

탈의실	だついしつ	다쯔이시츠
탑승권	とうじょうけん	토-죠-켕
태권도	テコンド_	테콘도-
태풍	たいふう	타이후우
테러	テロ	테로
통역하다	つうやくする	쯔우야쿠스루
통로	つうろ	쯔우로
통로쪽	つうろの ほう	츠-로노 호우
통역	つうやく	쯔우야쿠
통조림	かんづめ	칸즈메
통행	つうこう	츠-코-
통행인	つうこうにん	츠-코-닝
통행금지	つうこうどめ	츠-코-도메
투명한	とうめいな	토우메이나
특급열차	とっきゅうれっしゃ	토큐우렛샤
특별한	とくべつな	토쿠베쯔나
특실	とくしつ	토쿠시쯔
특산품	みやげもの	미야케모노
티셔츠	ティ_シャツ	티-샤쯔
팁	チップ	칩뿌

ㅍ

파도	なみ	나미
파마	パ_マ	파-마

부록

파출소	こうばん	코-방
판단하다	はんだんする	한단스루
판매	はんばい	한바이
팔	うで	우데
편견	へんけん	헨켄
편도권	かたみち きっぷ	가타미찌 깁뿌
편리한	べんりな	벤리나
편지	てがみ	테가미
평가	へいか	헤이카
평균	へいきん	헤이킹
평화롭게	へいわに	헤이와니
폐관시간	へいかんじかん	헤이칸지캉
폐렴	はいえん	하이엥
폐점	へいてん	헤이텡
포기하다	あきらめる	아키라메루
포도	ぶどう	부도우
포장	うわづつみ	우와즈츠미
포크	フォ_ク	훠-쿠
포함하다	ふくめる	후쿠메루
폭포	たき	타키
품목	ひんもく	힌모쿠
프론트	フロント	후론토
프린터	プリンタ	프린타

피곤하다	つかれる	쯔카레루
피부과	ひふか	히후카
피서지	ひしょち	히쇼찌
피임약	ひにんやく	햐닝야쿠
피해자	ひがいしゃ	히가이샤
필름	フィルム	휘루무
필요하다	ひつようする / いる	히쯔요우스루 / 이루

ㅎ

하루	いちにち	이찌니찌
하수도	げすいどう	케스이도우
학생	がくせい	각세-
학생요금	がくせいりょうきん	각세-료-킹
학생증	がくせいしょう	각세-쇼-
한가한	ひまな	히마나
한국	かんこく	캉코쿠
한국대사관	かんこくたいしかん	칸코쿠타이시칸
한기를 느끼다	さむけが する	사무케가 스루
할인(하다)	わりびき	와리비끼
할증요금	わりましきん	와리마시킹
항구	こうこう	코-코
항공권	こうくうけん	코-쿠-켄
해	ひ / たいよう	히 / 아이요우
해결	かいけつ	카이케쯔

해변 うみべ 우미베

해상 かいじょう 카이죠우

해열제 げねつざい 게네쯔자이

햄버거 ハンバ_ガ_ 함바가-

행복하다 しあわせだ 시아와세다

향수 こうすい 코-스이

허가 きょか 쿄카

헤엄치다 およぐ 오요구

현관 げんかん 겐캉

현금 げんきん 겐킹

현기증 나는 めまいがする 메마이가스루

현지 시각 げんちじかん 겐찌지캉

혈압 けつあつ 케쯔아쯔

형 あに / おにいさん 아니 / 오니-상

호박 かぼちゃ 카보챠

호수 みずうみ 미즈우미

호텔 ホテル 호테루

호흡 こきゅう 코큐-

혼선 こんせん 콘센

홍차 こうちゃ 코-챠

화가 나다 はらがたつ 하라가다쯔

화를 내다 はらをたてる 하라오다테루

화려하다 はでだ 하데다

화산	かざん	카잔
화상	かしょう	카쇼-
화장실	けしょうしつ / トイレ	케쇼-시쯔 / 토이레
화장품	けしょうひん	케쇼-힝
화재	かさい	카사이
확대	かくだい	카쿠다이
환율	かわせレ_ト	카와세레-토
환전소	りょうがえや	료-가에야
회복	かいふく	카이후쿠
회사	かいしゃ	카이샤
회원	かいいん	가이잉
회의	かいぎ	카이기
회화	かいわ	가이와
횡단보도	おうだんほどう	오-단호도-
후불	あとばらい	아토바라이
후추	こしょうのみ	코쇼-노미
훔치다	ぬすむ	누스무

어르신들을 위한 여행 일본어

따라 읽으면 되는 여행 일본어

초판 발행 2024년 4월 25일

지은이 편집부
펴낸이 김채민
펴낸곳 힘찬북스

출판등록 제410-2017-000143호
주소 서울특별시 마포구 망원로 94, 301호
전화 02-2272-2554
팩스 02-2272-2555
이메일 hcbooks17@naver.com

ISBN 979-11-90227-36-0 13700